Samuel Spirgi, Boris Rohr

Finanz- und Rechnungswesen
Band 2 für B-Profil und Detailhandel

Kaufmännisches Rechnen und Buchhaltung

Bildung
Medien
Kommunikation

www.hep-verlag.ch
der bildungsverlag

Samuel Spirgi, Boris Rohr
Kaufmännisches Rechnen und Buchhaltung
ISBN 978-3-03905-380-3

Bibliografische Information der Deutschen Bibliothek:
Die Deutsche Bibliothek verzeichnet diese Publikation in der Deutschen
Nationalbibliografie; detaillierte bibliografische Angaben sind im Internet
unter http://ddb.de abrufbar.

1. Auflage 2007
Alle Rechte vorbehalten © 2007 h.e.p. verlag ag

h.e.p. verlag ag
Bildung.Medien.Kommunikation
Brunngasse 36
CH-3011 Bern

www.hep-verlag.ch

Vorwort

> **Bildung ist die Fähigkeit, Wesentliches vom Unwesentlichen zu unterscheiden und jenes ernst zu nehmen.**
>
> *Paul de Lagarde*

Das vorliegende Lehrmittel *Kaufmännisches Rechnen und Buchhaltung* ist die Fortsetzung des Lehrmittels *Grundlagen des Rechnungswesens* von Daniel Brodmann und Marcel Bühler. *Kaufmännisches Rechnen und Buchhaltung* orientiert sich am Rahmenlehrplan für die kaufmännische Grundbildung (B-Profil) sowie am Lehrplan für Detailhandelsfachleute. Damit ist das vorliegende Lehrmittel eine stufengerechte Unterrichtsunterlage für kaufmännische Berufsschulen und Detailhandelsfachschulen. Unser Lehrmittel enthält aber bewusst Erweiterungen des Lehrstoffes und kann deshalb auch in anderen Bereichen der kaufmännischen Ausbildung eingesetzt werden.

Wie in allen Veröffentlichungen der Schreibenden wird auf die Förderung des vernetzten Denkens im Bereich der Wirtschaftsfächer grossen Wert gelegt. Die Theorie wurde wieder sehr ausführlich gehalten. Darum eignet sich das vorliegende Lehrmittel besonders gut für den schülerzentrierten Unterricht und zum Selbststudium.

Da die Autoren das Lehrmittel im Unterricht laufend einsetzen, fliessen langjährige Unterrichtserfahrungen in das Lehrmittel ein. Sehr gerne nehmen wir Anregungen und Wünsche entgegen. Wir werden auch in Zukunft bestrebt sein, die stetig komplexer werdenden Ansprüche der Praxis in unser Lehrmittel einzubauen, ohne die pädagogischen Aspekte zu vernachlässigen. Für die Lehrpersonen sowie für Schülerinnen und Schüler, die das Lehrmittel im Selbststudium einsetzen, steht ein Lösungsbuch mit Zusatzaufgaben zur Verfügung.

Wir danken unseren Autorenkollegen Daniel Brodmann, Marcel Bühler und Ernst Keller für die fachliche und moralische Unterstützung. Weiter danken wir allen Kolleginnen und Kollegen für ihre Anregungen und die aufbauende Kritik.

Leutwil und Dintikon, Sommer 2007
Dr. Samuel Spirgi, dipl. Handelslehrer HSG
Boris Rohr, dipl. Handelslehrer HSG

Lese- und Arbeitsanleitung für Lehrende und Lernende

Das Buch ist in einzelne Kapitel gegliedert, die jeweils einen Theorie- und einen Aufgabenteil enthalten.

Der **Theorieteil** vermittelt anhand eines Einführungsbeispiels die theoretischen Grundlagen. Er ist bewusst ausführlich gestaltet und erlaubt den Lernenden, die Zusammenhänge ohne unnötige Gedankensprünge zu verstehen. Definitionen, Formeln und Schemen sind grosszügig und auf einprägsame Weise dargestellt. Aus diesem Grunde eignet sich der jeweilige Theorieteil gut zum Selbststudium.

Genau wie in Band 1, *Grundlagen des Rechnungswesens,* werden konsequent folgende Farben verwendet:

Grün = Bestandeskonten, Aktiven und Passiven

Rot = Erfolgskonten, Aufwand und Ertrag

Der **Aufgabenteil** enthält Einführungsaufgaben, Übungsaufgaben und vertiefende Aufgaben. Die anspruchsvollen Aufgaben, die über die Leistungsziele der dreijährigen kaufmännischen Lehre, B-Profil, hinausgehen, sind mit einem Stern (*) gekennzeichnet. Diese Aufgaben eignen sich vor allem zur Vertiefung. Da die für den Unterricht zur Verfügung stehende Zeit knapp bemessen ist, muss die Lehrperson eine Auswahl der zu lösenden Aufgaben treffen. Es ist kaum möglich, jede Aufgabe vollständig zu bearbeiten.

Am Ende der meisten Kapitel sind bewusst zwei bis drei Repetitionsaufgaben eingefügt worden. In diesen Aufgaben werden die Lerninhalte aus dem ersten Band repetiert. Diese Aufgaben sind mit dem Buchstaben **R** gekennzeichnet.

Der Aufgabenteil enthält teilweise Arbeitsblätter (Konten, Schemen, Lösungsblätter usw.), um von Routinearbeiten zu entlasten und den Lösungsweg aufzuzeigen. Es wurden aber bewusst nicht für alle Aufgaben Arbeitsblätter vorbereitet, damit die Lernenden auch ohne Arbeitshilfe lernen, Lösungen zu erarbeiten. Für das Lösen von Aufgaben empfehlen wir die Verwendung eines Heftes oder eines Ordners. Nach wie vor ist die übersichtliche und saubere Heftführung eine wichtige Voraussetzung zum Verstehen der Prozesse und der Inhalte im Fach Rechnungswesen.

Für die Arbeit mit unserem Lehrmittel *Kaufmännisches Rechnen und Buchhaltung* wünschen wir Ihnen viel Freude und Erfolg.

Inhaltsverzeichnis

1.	**Proportionen, Kettensatz und Prozentrechnung**	**7**
	Aufgaben 1–23	**19**
2.	**Zinsrechnung**	**33**
	Aufgaben 24–44	**41**
3.	**Kalkulation im Warenhandelsbetrieb**	**53**
	Aufgaben 45–89	**73**
4.	**Abschreibungen**	**91**
	Aufgaben 90–98	**101**
5.	**Debitorenverluste**	**111**
	Aufgaben 99–103	**117**
6.	**Die Einzelunternehmung**	**127**
	Aufgaben 104–115	**135**
7.	**Bilanz- und Erfolgsanalyse**	**149**
	Aufgaben 116–127	**165**
	Sachregister	**180**
	Kontenrahmen KMU vereinfacht	**181**

Abkürzungsverzeichnis

Anlagevermögen	AV
Bruttogewinn	BG
Bruttogewinnquote	BGQ
Bruttogewinnzuschlag	BGZ
Bruttokreditankaufspreis (Katalogpreis des Lieferanten)	BKreditAP
Bruttokreditverkaufspreis (unser Katalogpreis)	BKreditVP
Eigenkapital	EK
Einstandswert	EST
Erfolgsrechnung	ER
Eröffnungsbilanz	EB
Fremdkapital	FK
Gemeinkosten	GK
Grundwert	G
Kleine und mittlere Unternehmen	KMU
Mehrwertsteuer	MWST
Nettobarankaufspreis	NBarAP
Nettobarverkaufspreis	NBarVP
Nettoerlös	NE
Nettokreditankaufspreis (Rechnung des Lieferanten)	NKreditAP
Nettokreditverkaufspreis (unsere Rechnung)	NKreditVP
Obligationenrecht	OR
Prozentsatz	p
Prozentwert	P
Reingewinn	RG
Reingewinnquote	RGQ
Reingewinnzuschlag	RGZ
Saldo	Ⓢ
Schlussbilanz	SB
Tage	t
Umlaufvermögen	UV
Verrechnungssteuer	VST
Zinsbetrag	Z
Zinsfuss	p

Kapitel 1

In diesem Kapitel lernen Sie

▸ die Begriffe direkte Proportionalität und indirekte Proportionalität kennen.

▸ das Lösen eines Problems mit Hilfe einer Proportion und mit Hilfe des klassischen Dreisatzes.

▸ das Lösen von kaufmännischen Problemen mit Hilfe eines Kettensatzes.

▸ die Begriffe Prozentwert (P), Grundwert (G), Prozentsatz (p) kennen. Am Ende des Kapitels können Sie alle Arten von Aufgaben zur Prozentrechnung lösen.

1.	**Proportionen, Kettensatz und Prozentrechnung**	
1.1	Proportionen	9
1.1.1	Direkte Proportionalität	9
1.1.2	Indirekte Proportionalität	10
1.2	Der Kettensatz	12
1.3	Die Prozentrechnung	14
Aufgaben 1–20		21
Repetitionsaufgaben 21–23		29

1. Proportionen, Kettensatz und Prozentrechnung

1.1 Proportionen

Unter dem Begriff Proportion versteht man das Verhältnis von zwei Grössen.

1.1.1 Direkte Proportionalität

Einführungsbeispiel

Ein Kilogramm Äpfel kostet Fr. 3.–. Falls die Menge verdoppelt wird, so verdoppelt sich der bezahlte Preis; falls die Menge verdreifacht wird, verdreifacht sich der Preis; falls die Menge vier Mal grösser ist, so ist der Preis ebenfalls vier Mal grösser.

	Gewicht in Kilogramm	Preis in Franken
Daniel kauft 1 kg Äpfel zu einem Preis von Fr. 3.– je kg.	1	3.–
Judith kauft 2 kg Äpfel zu einem Preis von Fr. 3.– je kg.	2	6.–
Lukas kauft 5 kg Äpfel zu einem Preis von Fr. 3.– je kg.	5	15.–
Claude kauft 10 kg Äpfel zu einem Preis von Fr. 3.– je kg.	10	30.–

Direkte Proportionalität bedeutet, dass zwei Grössen derart voneinander abhängen, dass ein Vielfaches der einen Grösse ein gleiches Vielfaches der andern Grösse ergibt.

Problemstellung:

5 Kilogramm Äpfel kosten Fr. 15.–. Wie viele Franken kosten 7 Kilogramm?

Das gestellte Problem kann auf zwei Arten gelöst werden:
a) mit Hilfe einer Proportion oder
b) mit einem Dreisatz

a) Lösung mit Hilfe einer Proportion:

5 kg : 7 kg = 15 Fr. : x Fr.

Da bei einer Proportion das Produkt der Aussenglieder gleich dem Produkt der Innenglieder ist, so gilt: 5 mal x Fr. = 7 mal 15 Fr.

$$x = \frac{7 \text{ kg} \times \text{Fr. 15.–}}{5 \text{ kg}} = \underline{\text{Fr. 21.–}}$$

b) Lösung mit einem Dreisatz:

1. Bedingungssatz: 5 kg = Fr. 15.–

2. zurück auf 1 kg: $1 \text{ kg} = \frac{\text{Fr. 15.–}}{5 \text{ kg}} = \underline{\text{Fr. 3.–}}$

3. Fragesatz: $7 \text{ kg} = \frac{\text{Fr. 15.–} \times 7 \text{ kg}}{5 \text{ kg}} = \underline{\text{Fr. 21.–}}$

1.1.2 Indirekte Proportionalität

Einführungsbeispiel

1 Person benötigt für einen Auftrag 60 Stunden. Unter gleichen Bedingungen benötigen 2 Personen 30 Stunden, 3 Personen 20 Stunden und 4 Personen 15 Stunden für den gleichen Auftrag.

	Personen	Stunden
1 Person benötigt 60 Stunden für den Auftrag.	1	60
2 Personen benötigen 30 Stunden für den Auftrag.	2	30
3 Personen benötigen 20 Stunden für den Auftrag.	3	20
4 Personen benötigen 15 Stunden für den Auftrag.	4	15

> **Indirekte Proportionalität** bedeutet, dass zwei Grössen derart voneinander abhängen, dass ein Vielfaches der einen Grösse einen entsprechenden Bruchteil der andern Grösse ergibt.

Problemstellung:

5 Personen benötigen 12 Stunden für einen Auftrag. Wie viele Stunden benötigen unter den gleichen Bedingungen 6 Personen?

Das gestellte Problem kann auf zwei Arten gelöst werden:
a) mit Hilfe einer Proportion oder
b) mit einem Dreisatz

a) Lösung mit Hilfe einer Proportion:

6 Personen : 5 Personen = 12 Stunden : x Stunden

Da bei einer Proportion das Produkt der Aussenglieder gleich dem Produkt der Innenglieder ist, so gilt: 6 mal x Stunden = 5 mal 12 Stunden.

$$x = \frac{5 \text{ Personen} \times 12 \text{ Std.}}{6 \text{ Personen}} = \underline{10 \text{ Std.}}$$

b) Lösung mit einem Dreisatz:

1. Bedingungssatz:	5 Personen			=	12 Std.
2. zurück auf 1 Person:	1 Person	=	5 × 12 Stunden	=	60 Std.
3. Fragesatz:	6 Personen	=	$\frac{60 \text{ Stunden}}{6}$	=	<u>10 Std.</u>

1.2 Der Kettensatz

Einführungsbeispiel
Der Preis für eine Unze Gold (31,1 g) beträgt USD 595.60.
Wie viele Franken und Rappen kostet ein Kilogramm Gold, wenn der Umrechnungskurs für 1 USD momentan CHF 1.32 beträgt?

Das gestellte Problem kann auf zwei Arten gelöst werden:

a) mit Hilfe von zwei Dreisätzen oder
b) mit einem Kettensatz

a) Lösung mit Hilfe von Dreisätzen:

$$\text{Preis für 1 kg in USD} = \frac{595.60 \text{ USD} \times 1\,000 \text{ g}}{31,1 \text{ g}} = \underline{\text{USD } 19\,151,13}$$

$$\text{Preis für 1 kg in Franken} = \frac{19\,151,13 \text{ USD} \times 1,32 \text{ CHF}}{1 \text{ USD}} = \underline{\text{CHF } 25\,279.50}$$

b) Lösung mit einem Kettensatz:

Der Kettensatz eignet sich zur Lösung von Problemen, bei denen zwei, drei oder mehr Dreisätze auszurechnen sind. Allgemein gilt: Falls eine Grösse proportional zu einer anderen und diese Grösse wiederum proportional zu einer dritten Grösse ist usw., so kann die Rechnung zu einem Kettensatz zusammengehängt werden. Der **Kettensatz** besteht aus einer Reihe (Kette) von untereinandergestellten Gleichungen.

In unserem Beispiel ist das Verhältnis zwischen dem Gewicht des Goldes und dem Preis in Dollar sowie das Verhältnis zwischen dem Preis in Dollar und dem Preis in Franken proportional. Deshalb kann die Rechnung in Proportionen (Verhältnisse) aufgeteilt werden. Diese Proportionen können zu einer Kette zusammengehängt werden.

Proportionen, Kettensatz und Prozentrechnung

> **Regeln Kettensatz**
>
> 1. Begonnen wird mit dem Fragesatz, und zwar wird die gesuchte Grösse, x, auf die linke Seite geschrieben. x = ?
> In unserem Beispiel lautet die Frage: Wie viele Franken kostet ein Kilogramm Gold?
> x CHF = 1 kg
>
> 2. Jedes nächste Glied der Kette beginnt mit der Einheit, mit der das vorhergehende Glied aufgehört hat.
>
> 3. Die Kette ist geschlossen, wenn wieder die gleiche Bezeichnung wie bei der gesuchten Grösse x erscheint.
>
> 4. Ausrechnung: $x = \dfrac{\text{Produkt der rechten Seite}}{\text{Produkt der linken Seite}}$

In unserem Beispiel lautet das Frageglied: x CHF = 1 kg. Die Kette ist dann geschlossen, wenn die Einheit Fr. erscheint:

x CHF	1 kg
1 kg	1 000 g
31,1 g	1 Unze
1 Unze	595,60 USD
1 USD	1,32 CHF

Das Produkt der rechten Seite wird nun durch das Produkt der linken Seite dividiert:

$$x = \frac{1\text{ kg} \times 1\,000\text{ g} \times 1\text{ Unze} \times 595{,}60\text{ USD} \times 1{,}32\text{ CHF}}{1\text{ kg} \times 31{,}1\text{ g} \times 1\text{ Unze} \times 1\text{ USD}} = \underline{\text{CHF } 25\,279.50}$$

Abgesehen von der Einheit beim Frageglied sind beim Kettensatz alle Einheiten einmal im Nenner sowie einmal im Zähler aufgeführt. Aus diesem Grund können sie weggekürzt werden.
Da eine Multiplikation bzw. eine Division mit 1 keine Veränderung beim Resultat ergibt, kann die Multiplikation mit 1 bzw. die Division durch 1 ebenfalls weggelassen werden.

Die Lösung kann somit vereinfacht wie folgt dargestellt werden:

$$x = \frac{1\,000 \times 595{,}60 \times 1{,}32}{31{,}1} = \underline{\text{CHF } 25\,279.50}$$

1.3 Die Prozentrechnung

Jeden Tag begegnen wir im Berufs- und auch im Privatleben der Prozentrechnung.

Das Wort «**Prozent**» kommt aus dem Lateinischen «pro centur», d.h. «je hundert». Ein Prozent ist nichts anderes als ein Hundertstel des Grundwerts. Der Grundwert (Ausgangswert) beträgt immer 100%.

Das Zeichen für Prozent ist %.

> **1 Prozent = 1% = Ein Hundertstel des Grundwerts**

Im kaufmännischen Bereich werden unter anderem folgende Werte in Prozenten angegeben:

Prozentwert (P)	Grundwert (G) 100%
Der Zins in %	→ des Kapitals
Der Rabatt des Lieferanten in %	→ des Katalogpreises des Lieferanten
Der Skonto in %	→ des Rechnungsbetrages
Die Mehrwertsteuer in %	→ des Nettoerlöses
Die Verrechnungssteuer (VST) in %	→ des Bruttozinses
Der Bruttogewinn in %	→ des Einstandswertes (EST)
Die Dividende in %	→ des Aktienkapitals

Proportionen, Kettensatz und Prozentrechnung

Erklärungen zur Prozentrechnung:

Der Grundwert (G) entspricht immer 100 Prozent (G = 100 %). Das Verhältnis von Grundwert (G) zum Prozentwert (P) entspricht dem Verhältnis von 100 zum Prozentsatz (p).

Diese Grundtatsache lässt sich in folgender Gleichung darstellen:

$$G : P = 100 : p$$

Da bei einer Proportion das Produkt der äusseren Glieder gleich dem Produkt der inneren Glieder ist, ergibt sich folgende Produktgleichung:

$$G \times p = P \times 100$$

Aus der Produktgleichung ergeben sich für die drei Grössen P, G und p folgende Formeln:

1. Der Prozentwert (P) ist gesucht: $P = \dfrac{G \times p}{100}$

2. Der Grundwert (G) ist gesucht: $G = \dfrac{P \times 100}{p}$

3. Der Prozentsatz (p) ist gesucht: $p = \dfrac{100 \times P}{G}$

4. Der Grundwert (G) ist aus dem verminderten Wert (G − P) gesucht: $G = \dfrac{(G - P) \times 100}{100 - p}$

5. Der Grundwert (G) ist aus dem vermehrten Wert (G + P) gesucht: $G = \dfrac{(G + P) \times 100}{100 + p}$

1. Die Berechnung des Prozentwertes (P)

Der Lieferant gewährt uns auf dem Katalogpreis von Fr. 2 000.– einen Rabatt von 20 %. Wie viele Franken beträgt der Rabatt?

Der Grundwert beträgt Fr. 2 000.– und entspricht 100 %.

Prozentwert (P) = $\dfrac{G \times p}{100}$ = P

Rabatt in Franken = $\dfrac{\text{Fr. }2\,000.- \times 20}{100}$ = Fr. 400.–

Beispiele zur Berechnung des Prozentwertes (P)

1 % von	100	=	1 Hundertstel von 100	=	$\frac{100 \times 1}{100}$	=	1
1 % von	500	=	1 Hundertstel von 500	=	$\frac{500 \times 1}{100}$	=	5
1 % von	4 000	=	1 Hundertstel von 4 000	=	$\frac{4000 \times 1}{100}$	=	40
1 % von	1	=	1 Hundertstel von 1	=	$\frac{1 \times 1}{100}$	=	0,01
1 % von	0,5	=	1 Hundertstel von 0,5	=	$\frac{0,5 \times 1}{100}$	=	0,005
20 % von	100	=	20 Hundertstel von 100	=	$\frac{100 \times 20}{100}$	=	20
7,6 % von	280	=	7,6 Hundertstel von 280	=	$\frac{280 \times 7,6}{100}$	=	21,28

2. Die Berechnung des Grundwertes (G)

Der Lieferant gewährt uns einen Rabatt von 20 % des Katalogpreises. Dieser Rabatt beträgt Fr. 400.–. Auf welchen Betrag lautet der Katalogpreis?

Der Rabatt von Fr. 400.– entspricht 20 % des Katalogpreises.

Grundwert (G) = $\frac{P \times 100}{p}$ = G

Katalogpreis = $\frac{Fr.\ 400.-\ \times\ 100}{20}$ = Fr. 2 000.–

3. Die Berechnung des Prozentsatzes (p)

Der Lieferant gewährt uns einen Rabatt von Fr. 1 200.– auf dem Katalogpreis von Fr. 8 000.–. Wie viele Prozente beträgt der Rabatt?

Der Grundwert von Fr. 8 000.– entspricht 100 %.

Prozentsatz (p) = $\frac{100 \times P}{G}$ = p

Rabatt in % = $\frac{100 \times Fr.\ 1\,200.-}{Fr.\ 8\,000.-}$ = 15 %

Proportionen, Kettensatz und Prozentrechnung

4. Die Berechnung des Grundwertes (G) aus dem verminderten Wert (G − P)

Nach Abzug eines Rabattes von 15 % bezahlen wir den Betrag von Fr. 2 550.–. Auf welchen Betrag lautet der Katalogpreis des Lieferanten?

Die Zahlung, d.h. der verminderte Wert von Fr. 2 550.–, entspricht 85 % des Katalogpreises (100 % − 15 % = 85 %).

$$\text{Grundwert (G)} = \frac{(G - P) \times 100}{100 - p} = G$$

$$\text{Katalogpreis} = \frac{\text{Fr. 2 550.–} \times 100}{85} = \underline{\text{Fr. 3 000.–}}$$

5. Die Berechnung des Grundwertes (G) aus dem vermehrten Wert (G + P)

Der Nettoerlös inkl. 7,6 % Mehrwertsteuer beträgt Fr. 215.20. Wie hoch ist der Nettoerlös ohne Mehrwertsteuer?

Der Nettoerlös inkl. 7,6 % Mehrwertsteuer, d.h. der vermehrte Wert von Fr. 215.20, entspricht 107,6 % des Nettoerlöses ohne Mehrwertsteuer (100 % + 7,6 % = 107,6 %).

$$\text{Grundwert (G)} = \frac{(G + P) \times 100}{100 + p} = G$$

$$\text{Katalogpreis} = \frac{\text{Fr. 215,20} \times 100}{107,6} = \underline{\text{Fr. 200.–}}$$

**Kapitel 1
Aufgaben**

Aufgaben zu Kapitel 1

A 1 Der Gotthard-Strassentunnel hat eine Länge von 16,9 km. Die zugelassene Höchstgeschwindigkeit beträgt 80 km/h.

a) Wie lange hat ein Autofahrer für die Durchfahrt, wenn er konstant die Höchstgeschwindigkeit einhält? Geben Sie das Resultat in Minuten und Sekunden an.

b) Wie viele Sekunden länger benötigt ein Autofahrer, der konstant 76 km/h fährt?

A 2 In Seengen wird ein Bauplatz von 7,3 Aren zu Fr. 306 600.– angeboten, wobei eine Are ein Quadrat von 10 m × 10 m ist.

a) Wie viel kostet 1 m²?

b) Wie viel kostet unter gleichen Bedingungen eine Bauparzelle von 6,1 Aren?

A 3 Das Einkommen des Ehemannes beträgt Fr. 6 000.– dasjenige der Ehefrau Fr. 4 500.–. Die Haushaltskosten betragen Fr. 3 800.–.

Wie viel zahlen die beiden Ehepartner an die Haushaltskosten, wenn die Beiträge proportional zum Einkommen verteilt werden? Runden Sie das Ergebnis auf ganze Franken.

A 4 An der Kollektivgesellschaft Müller & Co. sind A mit Fr. 40 000.–, B mit Fr. 70 000.– und C mit Fr. 50 000.– beteiligt. Der Gewinn beträgt Fr. 64 000.–. Wie viel erhalten die drei Beteiligten vom Gewinn, wenn er gemäss Gesellschaftsvertrag nach Kapitalbeteiligung verteilt wird?

A 5 Fünf Bagger benötigen zum Ausheben eines Kanals 60 Tage. Nach 20 Tagen fällt ein Bagger aus. Wie viele Tage benötigt das Baugeschäft insgesamt, bis der Kanal ausgehoben ist?

A 6

a) Wir lassen durch die Bank 5 000 Euro überweisen. Der angewandte Kurs für einen Euro beträgt CHF 1.55. Wie viele Franken werden uns belastet? Das Resultat ist auf zwei Dezimalen zu runden.

b) Wir lassen durch die Bank USD 13 635.– an den Lieferanten J. Braddock überweisen. Der angewandte Kurs für einen Dollar beträgt CHF 1.35. Wie viele Franken werden uns belastet? Das Resultat ist auf zwei Dezimalen zu runden.

c) Kunde Bergmann überweist uns SEK 16 000.– (Schwedische Kronen). Der angewandte Kurs für 100 SEK beträgt CHF 17.16. Wie viele Franken werden uns gutgeschrieben? Das Resultat ist auf Rappen zu runden.

d) Wir überweisen dem Lieferanten Kierkegaard, Kopenhagen, DKR 8 320.– (Dänische Kronen). Der angewandte Kurs für 100 DKR beträgt CHF 21.31. Wie viele Franken werden uns belastet? Das Resultat ist auf Rappen zu runden.

e) Ein Schuldner aus Deutschland überweist uns Euro 4 800.–. Die Gutschrift auf unserem Bankkonto beträgt CHF 7 296.–. Welcher Umrechnungskurs wurde angewandt? Das Resultat ist auf zwei Dezimalen zu runden.

A 7

Der Maschinenhersteller Rollcon AG erhält von einem Kunden in Deutschland einen Check über 3 560.– Euro. Der Inhaber übergibt den Check der Bank, welche der Unternehmung CHF 5 660.40 auf dem Bankkonto gutschreibt. Am gleichen Tag bezahlt die Rollcon AG eine fällige Rechnung von USD 3 250.– eines amerikanischen Lieferanten über die gleiche Bank. Die Bank rechnet mit einem Devisengeldkurs von 1.15.

a) Mit welchem Wechselkurs Euro rechnete die Bank an diesem Tag?

b) Um wie viele Prozente ist die Gutschrift grösser als die Belastung des Bankkontos der Rollcon AG? Das Resultat ist auf zwei Dezimalen zu runden.

A 8

Zum Abschluss einer Reise quer durch Europa geniesst ein Ehepaar aus der Schweiz ein Nachtessen im Restaurant Sternen in Seon, da vom Reisegeld über 200.– Euro übrig blieben. Die Rechnung von CHF 89.90 für das Essen könnte das Ehepaar auch in Euro 56.20 bezahlen. Soll das Ehepaar das Nachtessen in Euro oder Schweizer Franken bezahlen, wenn man davon ausgeht, dass es die restlichen Euro am anderen Tag auf der Bank zum Kurs von 1.58 wechseln wird?

A 9

Bei einem Ausflug nach Stuttgart muss ein Schweizer sein Auto auftanken. Die 52 Liter Benzin kosten Euro 48.80. Er bezahlt mit einer 100-Franken-Note und bekommt Euro 12.90 Rückgeld.

a) Mit welchem Kurs hat die deutsche Tankstelle für 1 CHF gerechnet? Das Resultat ist auf drei Dezimalen zu runden.

b) Wäre es für den Schweizer besser gewesen, wenn er das Geld vor dem Ausflug in der Schweiz zum Kurs von 1.60 gewechselt hätte?

Proportionen, Kettensatz und Prozentrechnung

A 10

a) Wie viel kosten 100 Blumenvasen, wenn ein Töpfer in vier Stunden 20 Vasen dreht und in zwei Arbeitstagen von je acht Stunden CHF 440.– verdient?

b) Der Preis für eine Unze Gold (31,1 g) beträgt USD 591.70. Wie viele Franken kostet ein kg Gold, wenn der Kurs für einen Dollar CHF 1.32 beträgt? Das Resultat ist auf zwei Dezimalen zu runden, d.h. auf Rappen genau zu rechnen.

c) Ein Auto fährt mit einer Gallone Benzin 22 Meilen. Wie viele Liter Benzin braucht dieses Auto für 100 km? (1 US-Gallone = 3,785 Liter; 1 Meile = 1 609,35 m). Das Resultat ist auf eine Dezimale zu runden.

d) Wie viele Franken Lohn kostet das Weben von 3 000 m Stoff, wenn ein Weber in drei Stunden 81 m anfertigt und in 45 Stunden Fr. 1 620.– Lohn erhält?

e) Eine Gallone Benzin kostet in New York an den Tankstellen 325 Cents. Eine Gallone fasst 3,785 l, Der Kurs von 1 USD (100 Cents) beträgt CHF 1.28. Wie viel kostet unter diesen Bedingungen ein Liter in Rappen?

f) Ein Bushel Weizen kostet in Chicago 494 Cents. Der Kurs für 1 USD beträgt CHF 1.2754. Ein Bushel Weizen entspricht 27,216 kg. Was kosten 6 Tonnen Weizen in Franken? Das Resultat ist auf zwei Dezimalen zu runden.

g) Wie viele Franken kostet das Drehen von 1 000 Cigarren, wenn ein Angestellter in 7 ½ Stunden 288 Stück anfertigt und im Monat (= 170 Stunden) CHF 4 350.– verdient? Das Resultat ist auf Rappen zu runden.

h) Eine Unze Platin (31,1 g) kostet USD 1 081.50. Wie viele Franken kostet ein Kilogramm Platin, wenn der angewandte Kurs 1.29 beträgt? Das Resultat ist auf zwei Dezimalen zu runden.

A 11   Berechnen Sie die folgenden Prozentwerte (P) in Franken.

a)   1 % von Fr. 5 000.–   =   Fr. _____

b)   6 % von Fr. 65 000.–   =   Fr. _____

c)   25 % von Fr. 320 000.– =   Fr. _____

d)   35 % von Fr. 22 000.–   =   Fr. _____

e)   61 % von Fr. 70 180.–   =   Fr. _____

f)   29 % von Fr. 33 210.–   =   Fr. _____

g)   91 % von Fr. 18 375.–   =   Fr. _____

A 12 a) Ein Grosskonzern weist nach Regionen folgende Mitarbeiterbestände aus. Ergänzen Sie die Tabelle mit den Prozentsätzen (p). Das Resultat ist auf eine Dezimale zu runden.

	Anzahl Angestellte	Prozentsatz (p)
Europa	19 993	
USA	11 397	
Afrika/Asien/Australien	8 133	
Kanada/Lateinamerika	4 758	

b) Mit welchem Diagramm stellen Sie diese prozentuale Verteilung grafisch sinnvoll dar?

A 13 In der Schweiz arbeiten in den drei Wirtschaftssektoren folgende Anzahl Personen:

	Anzahl Personen vor 50 Jahren	Prozentsatz (p)	Anzahl Personen 2006	Prozentsatz (p)
1. Sektor	393 600		151 700	
2. Sektor	1 263 700		971 700	
3. Sektor	1 061 100		2 976 600	

a) Berechnen Sie den prozentualen Anteil der Erwerbspersonen in den drei Sektoren. Die Resultate sind auf eine Dezimale zu runden.

b) Mit welchem Diagramm können Sie die Veränderungen grafisch sinnvoll darstellen?

A 14 Der Aargauische Grosse Rat (Legislative) hat 140 Mitglieder. Aufgrund der Wahlen 2005 ergab sich folgende Verteilung der Sitze:

	Anzahl Sitze	Prozentsatz (p)
SVP	46	_____
SP	30	_____
CVP	26	_____
FDP	24	_____
EVP	7	_____
Grüne Partei	7	_____

a) Berechnen Sie die prozentuale Verteilung der Sitze im Grossen Rat. Das Resultat ist auf zwei Dezimalen zu runden. Die berechneten Ergebnisse entsprechen nicht den effektiven Resultaten der Wahlen (Proporzwahlverfahren).

b) Bezeichnen Sie die Sektoren im untenstehenden Kreisdiagramm mit den richtigen Parteien.

Prozentuale Sitzverteilung

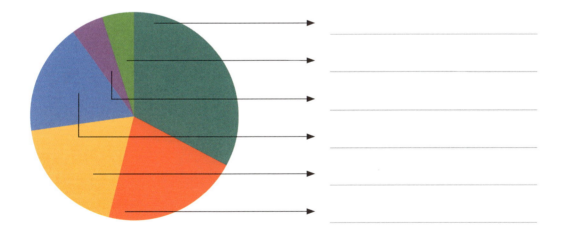

A 15 a) Wir haben Waren gegen Rechnung bezogen. Der Lieferant gewährte uns auf seinem Katalogpreis von Fr. 1 000.– einen Rabatt von 10%. Da wir die Rechnung fristgerecht bezahlen, ziehen wir vom Rechnungsbetrag 2% Skonto ab. Ergänzen Sie das untenstehende Schema.

Katalogpreis des Lieferanten	Fr.	1 000.–	100%
– Rabatt des Lieferanten	Fr. _____		10%
Rechnung	Fr. _____	90%	→ 100%
– Unser Skontoabzug	Fr. _____		2%
Zahlung (Barzahlung)	Fr. _____		98%

b) Wir haben Waren gegen Rechnung bezogen. Der Lieferant gewährte uns auf seinem Katalogpreis von Fr. 4 000.– einen Rabatt von 20%. Da wir die Rechnung fristgerecht bezahlen, ziehen wir vom Rechnungsbetrag 1% Skonto ab. Ergänzen Sie das untenstehende Schema.

Katalogpreis des Lieferanten	Fr.	4 000.–	100%
– Rabatt des Lieferanten	Fr. _____	_____	
Rechnung	Fr. _____		→ 100%
– Unser Skontoabzug	Fr. _____		_____
Zahlung durch Banküberweisung	Fr. _____		_____

A 16 Verbuchen Sie bei den Aufgaben 15 a) und b)
- Die Rechnung des Warenlieferanten
- Unseren Skontoabzug
- Unsere Zahlung

A 17

a) Der Verkaufspreis von Inlineskates wird von Fr. 150.– auf Fr. 120.– herabgesetzt. Wie viele Prozente beträgt die Reduktion?

b) Ein Skontoabzug von 2 % beträgt Fr. 5.–. Welcher Betrag ist nach Abzug des Skontos noch zu zahlen?

c) Von einem Katalogpreis von Fr. 820.– werden 20 % Rabatt abgezogen. Auf welchen Betrag lautet die Rechnung?

d) Vom Katalogpreis des Lieferanten von Fr. 2 600.– werden 15 % Rabatt und anschliessend 3 % Skonto abgezogen. Auf welchen Betrag lautet unsere Zahlung?

e) Ein Angestellter erhält eine Bruttolohnerhöhung von Fr. 300.–. Diese Erhöhung entspricht 7,5 % seines bisherigen Bruttolohnes. Wie hoch ist der neue Lohn?

f) Beim Kopieren einer CD beträgt der Fortschritt der Aufzeichnung 53 %. Die verbleibende Zeit bis zum Schluss des Vorganges beträgt noch 2 Minuten 21 Sekunden. Wie lange dauert der gesamte Aufzeichnungsvorgang?

g) In einem Kino mit 300 Plätzen sind 120 Plätze frei. Wie hoch ist der Auslastungsgrad des Kinos?

h) Einem Berufslernenden stehen für die Sommerferien täglich Fr. 80.– zur Verfügung. Mit dem Gesamtbetrag kann er sich 12 Tage Ferien leisten. Wie lange kann er in die Ferien gehen, wenn er jeden Tag Fr. 16.– mehr ausgibt?

i) Für die Strecke von Aarau nach Bern braucht ein Autofahrer, der durchschnittlich mit 100 km/h fährt, 54 Minuten. Um wie viele Prozente erhöht sich die Fahrzeit, wenn er aufgrund des Schwerverkehrs die Geschwindigkeit um 8 % vermindern muss? Das Resultat ist auf eine Dezimale zu runden.

k) Am 23. Februar zahlte man für eine Unze Gold (= 31,1 g) den Betrag von USD 418.75. Der Dollarkurs lag bei Fr. 1,2862. Wie viel kostet 1 kg Gold in Franken und Rappen?

l) Der Zinssatz auf einem Sparkonto wird von 0,5 % auf 0,75 % heraufgesetzt. Um wie viele Prozente erhöht sich dadurch der Zinsbetrag bei einer gleich bleibenden Einlage.

A 18 a) Der Verkäufer gewährt uns auf dem Katalogpreis eines Rollers von Fr. 4 500.– einen Rabatt von 8 %. Wie viele Franken beträgt der Rabatt?

b) Da wir eine Rechnung für ein Bike in der Höhe von Fr. 1 800.– fristgerecht bezahlen, ziehen wir einen Skonto von 2 % ab. Wie hoch ist der Skontoabzug?

c) Nach Abzug von 12 % Rabatt bleibt noch ein Betrag von Fr. 1 760.–. Wie gross war der Rabatt in Franken?

d) Von einem Rechnungsbetrag für einen PC werden 2 % Skonto abgezogen. Der Rest, d. h. die Zahlung beträgt noch Fr. 3 136.–. Wie gross ist der Betrag des Skontos?

e) Der Preis inklusive 7,6 % Mehrwertsteuer beträgt für eine Büroeinrichtung Fr. 3 174.20. Wie gross ist der Mehrwertsteuerbetrag?

f) Vor Abzug von 20 % Rabatt betrug der Katalogpreis des Lieferanten Fr. 3 820.–. Wie gross ist der gewährte Rabatt?

A 19* Ein Ehepaar schloss vor sechs Jahren eine Hausratversicherung für Fr. 120 000.– zum Neuwert ab. Im Laufe der Zeit wurde die Wohnungseinrichtung sukzessive erneuert und ergänzt, ohne jedoch die Versicherungssumme anzupassen. Heute tritt ein Schadenfall ein. Die Schadenermittlung ergibt einen Neuwert bei Schadenfall von Fr. 180 000.–. Der eingetretene Schaden beträgt Fr. 70 000.–.

a) Wie viele Prozente beträgt die Unterversicherung? Hinweis: der Neuwert beim Schadenfall von Fr. 180 000.– entspricht 100 %. Das Resultat ist auf zwei Dezimalen zu runden.

b) Wie viele Prozente beträgt die Auszahlung der Versicherungsgesellschaft? Das Resultat ist auf zwei Dezimalen zu runden.

c) Wie gross ist die Entschädigung der Versicherungsgesellschaft in Franken? Das Resultat ist auf ganze Franken zu runden.

A 20* Vor einigen Jahren schloss die Familie XY eine übliche kombinierte Hausratversicherung mit einer Versicherungssumme von Fr. 120 000.– als Neuwertversicherung ab. Nach ein paar Jahren wird vom Experten ein grösserer Schadenfall auf Fr. 57 000.– geschätzt. Die Versicherungsgesellschaft zahlt allerdings nur Fr. 34 200.– aus.

Bei welcher (angepassten) Versicherungssumme hätte die Versicherungsgesellschaft den ganzen Schaden vergütet?

R 21 a) Ergänzen Sie die folgende Lohnabrechnung. Die gesamte Bruttolohnsumme eines Unternehmens beträgt monatlich Fr. 80 000.–.

Bruttolohn (→ 100%)		Fr.	80 000.–
Arbeitnehmerbeiträge (Lohnabzüge)			
– 5.05% AHV/IV/EO-Beitrag	Fr. _____		
– 1.00% ALV-Beitrag	Fr. _____		
– Pensionskassen-Beitrag	Fr. 4 060.–		
– Prämie für Nichtberufsunfallvers.	Fr. 400.–	Fr. _____	
Ausbezahlter Nettolohn		Fr. _____	

b) Die gesamten Arbeitgeberbeiträge für die Sozialversicherungen betragen 12% des Bruttolohnes. Wie hoch ist der Arbeitgeberbeitrag?

c) Verbuchen Sie Gutschrift der Arbeitnehmerbeiträge an die Ausgleichskasse *(Kreditor Sozialversicherungen)*.

d) Verbuchen Sie die Auszahlung der Nettolöhne durch Banküberweisung.

e) Verbuchen Sie Gutschrift der Arbeitgeberbeiträge an die Ausgleichskasse *(Kreditor Sozialversicherungen)*.

R 22 Nach Abzug von 5,05% AHV/IV/EO-Beiträgen, 1,0% ALV, Fr. 24 000.– Pensionskassenbeiträgen und Fr. 2 300.– NBU wird eine Nettolohnsumme von Fr. 349 500.– an die Arbeitnehmer ausbezahlt.

a) Wie viele Franken beträgt der gesamte Bruttolohn?

b) Wie viele Franken beträgt der AHV/IV/EO-Abzug?

c) Wie viele Franken beträgt der Beitrag an die ALV?

d) Verbuchen Sie die Lohnabrechnung. Die Auszahlung der Nettolöhne erfolgt durch Banküberweisung. Die Sozialversicherungsbeiträge bleiben wir vorläufig schuldig *(Kreditor Sozialversicherungen)*.

R 23 Verbuchen Sie die ausgewählten Geschäftsfälle der Boutique Lola. (Die Mehrwertsteuer wird in dieser Aufgabe nicht verbucht).

Aktivkonten	Passivkonten	Aufwandkonten	Ertragskonten
Kasse	Kreditoren	Warenaufwand	Warenertrag
Post	Darlehen	Lohnaufwand	Zinsertrag
Bank	Eigenkapital	Sozialversicherungsaufwand	
Debitoren		Übriger Personalaufwand	
Debitor VST		Raumaufwand	
Warenbestand		Sonstiger Betriebsaufwand	
Mobilien		Zinsaufwand	
		Abschreibungsaufwand	

Buchungen im Verlaufe des Geschäftsjahres

1. a) Die Rechnung des Lieferanten Benetton über Fr. 2 000.– trifft ein.

   b) Wir bezahlen die Rechnung des Lieferanten Benetton unter Abzug von 2 % Skonto durch Banküberweisung.

2. a) Wir kaufen eine neue Ladeneinrichtung für Fr. 30 000.– gegen Rechnung.

   b) Wir bezahlen die fällige Rechnung von 2 a) unter Abzug von 15 % Mängelrabatt durch Postüberweisung.

3. a) Gemäss der erstellten Kassenabrechnung betragen die Tageseinnahmen Fr. 2 530.–.

   b) Einem guten Kunden haben wir eine Jacke per Postexpress geschickt. Die Versandkosten von Fr. 30.–, welche wir bar bezahlt haben, wurden noch nicht verbucht.

4. Der Lieferant Levis stellt uns die Rechnung für Jeans über Fr. 1 200.–.

5. Für die Reinigung des Geschäftslokals zahlen wir Fr. 320.– bar.

6. Wir zahlen die Dezemberlöhne gemäss folgender Lohnabrechnung. Die Nettolöhne werden durch Banküberweisung ausbezahlt. Die Sozialversicherungs- und Pensionskassenbeiträge der Arbeitnehmer sind zu verbuchen.

Bruttolöhne	Fr. 8 600.–
– AHV/IV/EO/ALV-Beiträge Arbeitnehmer	Fr. 570.–
– Pensionskassenbeitrag Arbeitnehmer	Fr. 630.–
Banküberweisung der Nettolöhne	Fr. 7 400.–

   Die Arbeitgeberbeiträge für die Sozialversicherungen und für die Pensionskasse betragen 11 % der Bruttolohnsumme und sind ebenfalls zu verbuchen.

7. Wir zahlen einer Mitarbeiterin, die in Fribourg eine Ausstellung besucht hat, Reisespesen von Fr. 92.– bar aus.

8. a) Für ein Abendkleid stellen wir einer Stammkundin eine Rechnung von Fr. 350.– aus.

   b) Die Kundin begleicht die Rechnung durch eine Überweisung auf unser Postkonto.

9. Wir begleichen die fällige Schuld von Fr. 3 000.– bei der Fashion-Mode nach Abzug von 5 % Mängelrabatt (nachträglich gewährt) und 2 % Skonto durch eine Postüberweisung.
   Der Mängelrabatt, der Skontoabzug und die Postüberweisung sind zu verbuchen.

10. Die Geschäftsinhaberin übergibt dem Geschäft einen privaten Personal Computer im Wert von Fr. 1 800.–.

11. a) Wir überweisen die Zinsen für das Passivdarlehen von Fr. 1 200.– durch die Bank.

    b) Das Passivdarlehen wird durch Banküberweisung um Fr. 10 000.– vermindert.

12. Wir zahlen die Monatsmiete für das Geschäftslokal durch Postüberweisung Fr. 2 500.–.

13. a) Wir verkaufen Waren im Wert Fr. 1 000.–, die unser Kunde mit seiner VISA-Kreditkarte bezahlt.

    b) VISA verrechnet uns Fr. 40.– Spesen.

    c) VISA überweist uns Fr. 960.– auf das Bankkonto.

Buchungen beim Jahresabschluss

14. Die Bank schreibt uns einen Nettozins von Fr. 39.– gut. Der Verrechnungssteueranspruch von 35 % ist auch zu verbuchen.

15. Wir schreiben die Mobilen um Fr. 3 500.– ab.

16. Gemäss Inventar hat das Warenlager um Fr. 5 200.– zugenommen.

17. Vom Jahresgewinn von insgesamt Fr. 12 000.– werden 40 % bar ausbezahlt. Der Rest wird mit dem *Eigenkapital* verrechnet.

Kapitel 2

In diesem Kapitel lernen Sie

▸ die Unterscheidung zwischen Aktivdarlehen und Passivdarlehen kennen.

▸ die Buchungssätze bei der Aufnahme und der Rückzahlung von Darlehen sowie bei Zahlung und Erhalt von Zinsen.

▸ die allgemeine Zinsformel und deren Anwendung kennen.

▸ die Tageberechnung nach deutscher Usanz.

▸ die Umkehrung der allgemeinen Zinsformel: die Berechnung des Zinssatzes (p), die Berechnung der Anlagedauer (t) und die Berechnung des angelegten Kapitals (K).

▸ die Bedeutung und die Verbuchung der Verrechnungssteuer (VST).

2.	**Zinsrechnung**	
2.1	Zeitlicher Ablauf von der Aufnahme des Darlehens bis zur Rückzahlung	35
2.2	Die allgemeine Zinsformel	37
2.3	Die Umkehrung der allgemeinen Zinsformel	38
2.4	Die Verrechnungssteuer	39
Aufgaben 24 – 42		43
Repetitionsaufgaben 43 – 44		49

2. Zinsrechnung

2.1 Zeitlicher Ablauf von der Aufnahme des Darlehens bis zur Rückzahlung

> **Einführungsbeispiel**
> Die Kleiderboutique Carla Roth erhält vom Hauptlieferanten für die Dauer von 90 Tagen einen Saisonkredit von Fr. 40 000.–. Der Lieferant verlangt einen Zins von 4 % pro Jahr.

Die Fragestellung lautet:

Wie viel Zins muss die Kleiderboutique Carla Roth bezahlen?

Der Hauptlieferant als Darlehensgeber verpflichtet sich zur Übertragung des Eigentums an dem Betrag von Fr. 40 000.– an die Kleiderboutique Carla Roth (OR 312). Die Kleiderboutique Carla Roth als Darlehensnehmerin verpflichtet sich zur Rückerstattung des gesamten Betrages. Im kaufmännischen Verkehr, d.h. unter Geschäftsleuten, ist ein Darlehen stets zu verzinsen (OR 313). Wenn der Vertrag die Höhe des Zinsfusses nicht bestimmt, so ist derjenige Zinsfuss zu vermuten, der zur Zeit und am Orte des Darlehensempfanges für die betreffende Art von Darlehen üblich war (OR 314).

Sofern unter Privatpersonen vertraglich kein Zins vereinbart wurde, ist ein Darlehen nicht zu verzinsen. Falls über die Rückzahlung eines Darlehens nichts vereinbart wurde, so kann das Darlehen jederzeit auf sechs Wochen gekündigt werden (OR 318).

a) Überweisung des Darlehensbetrages von Fr. 40 000.–

| Kleiderboutique Schuldner | ← Darlehen Fr. 40 000.– | Hauptlieferant Gläubiger |

Buchungssätze bei der Überweisung des Darlehensbetrages:

Die Kleiderboutique erhält die Gutschrift auf das Bankkonto.

Bank / Passivdarlehen   Fr. 40 000.–

Der Darlehensgeber überweist das Darlehen von seinem Bankkonto:

Aktivdarlehen / Bank   Fr. 40 000.–

In der Bilanz der Kleiderboutique wird das Darlehen beim Fremdkapital aufgeführt.

Aktiven	**Bilanz Boutique C. Roth**	Passiven
		Passivdarlehen 40 000

In der Bilanz des Hauptlieferanten wird das Aktivdarlehen bei den Forderungen* aufgeführt.

Aktiven	**Bilanz Lieferant**	Passiven
Aktivdarlehen 40 000		

b) Rückzahlung des Darlehens und Zinszahlung

| Kleiderboutique Darlehensnehmerin | Darlehen → Zins 4 % → Fr. 400.– | Hauptlieferant Darlehensgeber |

Buchungssätze bei der Rückzahlung des Darlehens:

Die Kleiderboutique Carla Roth zahlt das Passivdarlehen durch Banküberweisung zurück:

Passivdarlehen / Bank   Fr. 40 000.–

Der Darlehensgeber erhält das Aktivdarlehen auf das Bankkonto zurück:

Bank / Aktivdarlehen   Fr. 40 000.–

---

* Da das Darlehen nach 90 Tagen zurückbezahlt wird, erscheint der Betrag in der Bilanz bei den Forderungen. Würde es sich um ein unbefristetes Darlehen handeln, würde der Betrag im finanziellen Anlagevermögen erscheinen.

Buchungssätze bei der Zinszahlung:

Die Kleiderboutique Carla Roth zahlt den Zins von Fr. 400.– durch Banküberweisung:

Zinsaufwand / Bank　　　　　　　Fr. 400.–

Der Darlehensgeber erhält den Zins von Fr. 400.– auf das Bankkonto:

Bank / Zinsertrag　　　　　　　Fr. 400.–

Zinsberechnung

Der Zins für das Darlehen von Fr. 40 000.– zu 4 % wird für 90 Tage wie folgt berechnet:

$$\text{Jahreszins (360 Tage)} = \frac{K \times p}{100} = \frac{40\,000 \times 4}{100} = \text{Fr. } 1\,600.–$$

$$\text{Zins für 90 Tage} = \frac{K \times p \times t}{100 \times 360} = \frac{40\,000 \times 4 \times 90}{100 \times 360} = \text{Fr. } 400.–$$

2.2 Die allgemeine Zinsformel

Die allgemeine Zinsformel lautet:

$$\text{Zins (Z)} = \frac{K \times p \times t}{100 \times 360}$$

Auf den Zins haben folgende Grössen Einfluss:

- **K** das investierte Kapital in Franken
- **p** der Zinssatz in Prozenten für ein Jahr
- **t** die Anlagedauer in Tagen

Die Tageberechnung

Im Bankverkehr wird die Anlagedauer in Tagen nach deutscher Usanz (Brauch, Gepflogenheit) berechnet. Nach diesem Gewohnheitsrecht werden folgende Regeln angewendet:

- Das Zinsjahr hat 360 Tage
- Der Zinsmonat hat 30 Tage
- Der letzte Tag des Monats gilt als der dreissigste Tag

2.3 Die Umkehrung der allgemeinen Zinsformel

Die allgemeine Zinsformel kann mathematisch nach allen anderen Variablen (p, t und K) aufgelöst werden.

Zinssatz (p)

Bei welchem Zinssatz (p) ergibt ein Kapital von Fr. 10 000.– in 60 Tagen einen Zins von Fr. 50.–?

$$p = \frac{Z \times 100 \times 360}{K \times t} = \frac{50 \times 100 \times 360}{10\,000 \times 60} = \underline{3\,\%}$$

Die Anlagedauer in Tagen (t)

Wie viele Tage (t) muss ein Kapital von Fr. 6 000.– angelegt sein, damit es bei einem Zinssatz von 4,5 % einen Zins von Fr. 120.– ergibt?

$$t = \frac{Z \times 100 \times 360}{K \times p} = \frac{120 \times 100 \times 360}{6\,000 \times 4,5} = \underline{160 \text{ Tage}}$$

Das angelegte Kapital (K)

Welches Kapital (K) ergibt bei einem Zinssatz von 5 % und einer Anlagedauer von 300 Tagen einen Zins von Fr. 450.–?

$$K = \frac{Z \times 100 \times 360}{p \times t} = \frac{450 \times 100 \times 360}{5 \times 300} = \underline{\text{Fr. } 10\,800.-}$$

2.4 Die Verrechnungssteuer

Die Verrechnungssteuer beträgt 35 % und wird auf Vermögenserträgen erhoben. Der Verrechnungssteuer unterliegen:

→ alle Kapitalerträge
- Zinserträge auf Bankkonten. Von der Verrechnungssteuer ausgenommen sind Zinserträge bis Fr. 50.–, welche das Wort «Sparen» enthalten (Sparkonto usw.).
- Dividenden (Erträge auf Aktien)
- Obligationenzinsen (Erträge auf Obligationen)

→ Lotteriegewinne über Fr. 50.–

→ Kapitalauszahlung bei gemischten Lebensversicherungen mit einem Spezialsatz von 8 %

Beispiel: Die Pitt AG erhält von der Bank einen Bruttozins von Fr. 200.–. Davon wird die Verrechnungssteuer von 35 % abgezogen. Die Verrechnungssteuer wird von der Bank an die Steuerverwaltung abgeliefert. Der Nettozinsertrag von 65 % wird der Pitt AG auf dem Bankkonto gutgeschrieben. Da die Pitt AG sowohl den Zinsertrag als auch das Vermögen ordnungsgemäss versteuert, hat sie gegenüber der Steuerverwaltung ein Guthaben von Fr. 70.– (Konto *Debitor Verrechnungssteuer*).

Bruttozins	100 %	Fr.	200.–	
− Verrechnungssteuer	35 %	Fr.	70.–	Debitor VST / Zinsertrag
Nettozins	65 %	Fr.	130.–	Bank / Zinsertrag

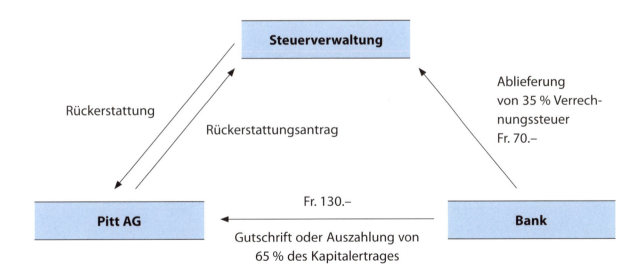

Kapitel 2
Aufgaben

Aufgaben zu Kapitel 2

A 24 Kreuzen Sie an, welche Aussagen richtig oder falsch sind.

richtig falsch

a) ☐ ☐ Durch die Aufnahme eines Darlehens wird der Darlehensnehmer Eigentümer des Geldes.

b) ☐ ☐ Falls nichts anderes vereinbart wurde, kann ein Darlehen vom Gläubiger auf sechs und vom Schuldner auf acht Wochen gekündigt werden.

c) ☐ ☐ Wenn der Darlehensnehmer den Zins durch Banküberweisung bezahlt, so verbucht der Darlehensgeber: Zinsaufwand / Bank

d) ☐ ☐ Der Schuldner eines Darlehens verbucht eine Teilrückzahlung durch Postüberweisung: Darlehen / Post

e) ☐ ☐ Der Darlehensgläubiger bucht die Rückzahlung des Darlehens auf sein Bankkonto: Bank / Zinsertrag

f) ☐ ☐ Ein Passivdarlehen wird in der Bilanz beim Eigenkapital aufgeführt.

g) ☐ ☐ Die X AG nimmt von der Valiant Bank ein Darlehen auf. Dieses Darlehen ist auch dann zu verzinsen, wenn keine Verzinsung vereinbart wurde.

A 25 Berechnen Sie die Anzahl Tage nach deutscher Usanz:

a) 31. März – 27. April

b) 01. Juni – 18. Juni

c) 25. Oktober – 31. Oktober

d) 15. Mai – 01. Juni

e) 23. November – 31. Dezember

f) 17. August – 18. September

A 26 Berechnen Sie die Anzahl Tage nach deutscher Usanz:

a) 19. Februar – 05. März

b) 19. Februar – 05. März   Schaltjahr, Februar 29 Tage

c) 10. Februar – 29. Februar   Schaltjahr

d) 10. Februar – 28. Februar   Schaltjahr

e) 10. Februar – 28. Februar   Normaljahr

f) 28. Februar – 15. April   Schaltjahr

A 27 Berechnen Sie die Anzahl Tage nach deutscher Usanz:

a) 15. April – 18. September

b) 01. Januar – 30. Juni

c) 30. Juni – 31. Dezember

d) 20. Mai – 31. Oktober

e) 31. August – 13. Dezember

A 28 a) Welchen Zins ergibt ein Kapital von Fr. 14 500.–, das während 213 Tagen zu 4,25 % angelegt ist? Runden Sie das Ergebnis auf 5 Rappen.

b) Berechnen Sie den Zins für ein Kapital von Fr. 132 500.–, das während 118 Tagen zu 2,5 % angelegt ist. Runden Sie das Ergebnis auf 5 Rappen.

c) Ein Kapital von Fr. 148 300.– wird für die Zeit vom 23. April bis zum 18. Juni zu einem Zinssatz von 1,75 % angelegt. Wie gross ist der Zins? Runden Sie das Ergebnis auf 5 Rappen.

d) Welchen Zins ergibt ein Kapital von Fr. 8 420.–, das vom 24. Mai bis zum 13. Dezember zu 4,25 % angelegt ist? Das Ergebnis ist auf 5 Rappen zu runden.

e) Wie viel Zins muss ein Schuldner zahlen, wenn er für die Zeit vom 8. August bis zum 13. Juni des folgenden Jahres ein Darlehen von Fr. 16 430.– zu einem Zinssatz von 3,5 % aufgenommen hat? Das Ergebnis ist auf 5 Rappen zu runden.

A 29 a) In wie vielen Tagen ergibt ein Kapital von Fr. 14 000.– bei einem Zinsfuss von 4,5 % einen Zins von Fr. 327.25?

b) Bei welchem Zinsfuss (p) ergibt ein Kapital von Fr. 45 000.– bei einer Anlagedauer von 256 Tagen einen Zins von Fr. 960.–?

c) Welches Kapital (K) erbringt bei einem Zinsfuss von 3,5 % bei einer Anlagedauer von 180 Tagen einen Zins von Fr. 525.–?

d) In wie vielen Tagen ergibt ein Kapital von Fr. 45 000.– bei einem Zinsfuss von 4 % einen Zins von Fr. 685.–?

e) Bei welchem Zinsfuss (p) ergibt ein Kapital von Fr. 79 200.– bei einer Anlagedauer von 83 Tagen einen Zins von Fr. 913.–?

f) Welches Kapital (K) erbringt bei einem Zinsfuss von 5 % bei einer Anlagedauer von 318 Tagen einen Zins von Fr. 2 650.–?

Zinsrechnung

A 30 Berechnen Sie die fehlenden Grössen

	Kapital	zu verzinsen ab	Tage	zu verzinsen bis	Zinssatz	Zins
a)	12 000.–	23.04.2006		13.12.2008	4,5 %	
b)	30 000.–	30.03.		30.09.		600.–
c)		25.05.	72		3 %	840.–
d)	10 800.–		85	21.08.		89.25
e)	140 000.–	26.02.		08.08.	4,25 %	
f)	21 600.–	16.10.			8 %	182.40

A 31
Die Hypothekarschuld betrug am 31.12.2005   Fr. 520 000.–
Rückzahlung am 26.9.2006:   Fr. 140 000.–
Zinssatz vom 1.1. bis 31.8.2006:   3 %
Zinssatz vom 1.9. bis 31.12.2006:   3,5 %

Berechnen Sie den Hypothekarzins für das Jahr 2006.

A 32* Die Lieferantin Batschelet AG, Herstellerin von Haushaltsgeräten, stellt dem Kunden I. Felder für gelieferte Geräte Rechnung über Fr. 48 000.–. Die Zahlungsbedingungen lauten: «Bei Bezahlung innert 10 Tagen 2 % Skonto, 30 Tage netto».

Um die Lieferantenrechnung innert der gewährten Skontofrist von 10 Tagen begleichen zu können, müsste der Käufer einen Kontokorrentkredit der Bank beanspruchen, der zu einem Zinsfuss von 6 % gewährt würde. Nimmt der Kunde einen Kredit auf, um den Skontoabzug zu machen?

A 33*
a) Alex Meier möchte aus seinen Ersparnissen (= angelegtes Kapital) einen monatlichen Zinsertrag von Fr. 400.– erzielen. Wie gross müssen seine Ersparnisse sein, wenn er mit einem Zinssatz von 4 % rechnet?

b) Bea Hasler möchte aus ihren Ersparnissen einen monatlichen Zinsertrag von Fr. 500.– erzielen. Wie gross müssen ihre Ersparnisse sein, wenn sie mit einem Zinssatz von 3,25 % rechnet? Das Ergebnis ist auf ganze Franken zu runden.

c) Ein Anleger plant einen monatlichen Zinsertrag von Fr. 200.–. Zu welchem Zinssatz muss er seine Ersparnisse von Fr. 60 000.– anlegen, damit er sein Ziel erreicht?

A 34 Tim Seller-Jungo wird in drei Jahren pensioniert. Er kann, zusammen mit seiner Ehefrau Pia, mit folgenden monatlichen Einnahmen rechnen:
1. Säule AHV-Rente (als Ehepaar) Fr. 3 100.–
2. Säule Rente der Pensionskasse Fr. 2 600.–

Damit das Ehepaar den bisherigen Lebensstandard beibehalten kann, benötigen sie ein Jahreseinkommen von Fr. 80 000.–.

Wie viele Franken muss das Wertschriftenvermögen betragen, damit das Ehepaar das gewünschte Jahreseinkommen erzielt? Erfahrungsgemäss darf auf dem Wertschriftenvermögen mit einer durchschnittlichen Rendite von 5.0 % pro Jahr gerechnet werden.

A 35 a) Auf welchen Kapitalerträgen wird die Verrechnungssteuer erhoben?

b) Warum wird die Verrechnungssteuer erhoben?

A 36 Eine Obligation ergibt einen Bruttozins von Fr. 600.–. Der Zinssatz beträgt 4 %.

a) Berechnen Sie den Nettozins dieser Obligation (= 65 %).

b) Wie hoch ist der Nennwert dieser Obligation?

A 37 Eine Obligation mit einem Nennwert von Fr. 40 000.– ergibt nach Abzug von 35 % Verrechnungssteuer einen Nettozins von Fr. 1 365.–.

a) Berechnen Sie den Bruttozins.

b) Wie hoch ist der Zinssatz dieser Obligation?

A 38 Die Verrechnungssteuer einer 3 %-Obligation beträgt Fr. 210.–.

a) Berechnen Sie den Bruttozins.

b) Wie hoch ist der Nennwert dieser Obligation?

A 39 Einem Bankkunden wird von seinem Bruttozins 35 % Verrechnungssteuer und Fr. 35.80 Spesen abgezogen und ein Betrag von Fr. 81.20 ausbezahlt. Wie hoch war der Bruttozins?

A 40

a) Der Zins unseres Bankguthabens ist in unserer Buchhaltung nachzutragen:

Bruttozins	Fr.	420.–	100%
− Verrechnungssteuer 35%	Fr.	147.–	35%
Gutschrift auf dem Bankkonto	Fr.	273.–	65%

1. Gutschrift des Nettozinses (65%) auf dem Bankkonto.
2. Verbuchung des Verrechnungssteuerguthabens.
3. Rückzahlung des Verrechnungssteuerguthabens auf unser Bankkonto.

b) Der Zins unseres Bankguthabens ist in unserer Buchhaltung nachzutragen:

Bruttozins	Fr.	320.–	100%
− Verrechnungssteuer 35%	Fr.	____.–	____%
Gutschrift auf dem Bankkonto	Fr.	____.–	____%

1. Gutschrift des Nettozinses (65%) auf dem Bankkonto.
2. Verbuchung des Verrechnungssteuerguthabens.
3. Rückzahlung des Verrechnungssteuerguthabens auf unser Postkonto.

c) Der Zins unseres Bankguthabens ist in unserer Buchhaltung nachzutragen:

Bruttozins	Fr.	____.–	____%
− Verrechnungssteuer 35%	Fr.	245.–	35%
Gutschrift auf dem Bankkonto	Fr.	____.–	____%

1. Gutschrift des Nettozinses (65%) auf dem Bankkonto.
2. Verbuchung des Verrechnungssteuerguthabens.
3. Rückzahlung des Verrechnungssteuerguthabens auf unser Bankkonto.

d) Der Bruttozins beträgt Fr. 500.– und ist wie folgt zu verbuchen:
1. Gutschrift des Nettozinses (65%) auf dem Bankkonto.
2. Verbuchung des Verrechnungssteuerguthabens.
3. Rückzahlung des Verrechnungssteuerguthabens auf unser Postkonto.

e) Der Bruttozins beträgt Fr. 900.– und ist wie folgt zu verbuchen:
1. Gutschrift des Nettozinses (65%) auf dem Bankkonto.
2. Verbuchung des Verrechnungssteuerguthabens.
3. Rückzahlung des Verrechnungssteuerguthabens auf unser Bankkonto.

f) Der Nettozins (65%) beträgt Fr. 715.– und ist wie folgt zu verbuchen:
1. Gutschrift des Nettozinses (65%) auf dem Bankkonto.
2. Verbuchung des Verrechnungssteuerguthabens.
3. Rückzahlung des Verrechnungssteuerguthabens auf unser Postkonto.

A 41 Am 1.10. lautet der Saldo des folgenden wechselnden Kontokorrentkontos zu Gunsten des Bankkunden (Haben-Saldo: H).

a) Ergänzen Sie die Saldo-Spalte. Bezeichnen Sie die Salden wie folgt:
H: Haben-Saldo; die Bank hat eine Schuld, der Bankkunde also ein Guthaben.
S: Soll-Saldo; die Bank hat ein Guthaben, der Bankkunde also eine Schuld.

b) Verbuchen Sie die Zinsen vom 31.12. in der Buchhaltung des Bankkunden.

c) Verbuchen Sie und die Spesen vom 31.12. in der Buchhaltung des Bankkunden.

Datum	Text	Umsatz		Valuta	Saldo
		Belastungen	Gutschriften		
01.10.	Saldovortrag				2 832.55 H
01.10.	Vergütungsauftrag	1 856.25		01.10.	
01.10.	Einzahlung		350.00	01.10.	
06.10.	Check	1 500.00		06.10.	
08.10.	Post-Giro		275.00	08.10.	
08.10.	Zahlungseingang		700.00	09.10.	
08.10.	Posteinzahlung		175.00	08.10.	
14.10.	Telebankingauftrag	146.85		14.10.	
20.10.	Zahlungseingang		476.00	21.10.	
27.10.	Dauerauftrag	1 190.00		27.10.	
03.11.	Auszahlung	568.45		03.11.	
05.11.	Gutschrift		120.00	05.11.	
10.11.	Vergütungsauftrag	495.35		10.11.	
17.11.	Zahlungseingang		125.00	18.11.	
26.11.	Einzahlung		980.00	26.11.	
27.11.	Dauerauftrag	1 190.00		26.11.	
03.12.	Posteinzahlung		1 300.00	29.11.	
03.12.	Einzahlung		1 590.00	02.12.	
05.12.	Check	250.00		03.12.	
27.12.	Zahlungseingang		550.00	28.12.	
27.12.	Auszahlung	63.25		27.12.	
27.12.	Dauerauftrag	1 190.00		27.12.	
31.12.	Habenzins (0.25 %)		0.45	31.12.	
31.12.	Sollzins (6.25 %)	3.55		31.12.	
31.12.	Spesen	49.30		31.12.	
	Umsatztotal				

Zinsrechnung

A 42* Bei einem Kontokorrent mit wechselndem Saldo schreibt die Bank Ende Quartal einen Habenzins von Fr. 620.– gut und belastet einen Soll-Zins von Fr. 210.–.

a) Wie verbucht der Bankkunde die Zinsgutschrift?

b) Wie verbucht der Bankkunde die Zinsbelastung?

c) Wie verbucht der Bankkunde die Verrechnungssteuer von 35 %?

R 43 Verbuchen Sie die ausgewählten Geschäftsfälle des Warenhandelsunternehmens Kim Rey. Die Mehrwertsteuer wird in dieser Aufgabe nicht verbucht.

Aktivkonten	Passivkonten	Aufwandkonten	Ertragskonten
Kasse	Kreditoren	Warenaufwand	Warenertrag
Post	Passivdarlehen	Lohnaufwand	Zinsertrag
Bank	Eigenkapital	Sozialversicherungsaufwand	
Debitoren		Übriger Personalaufwand	
Debitor VST		Raumaufwand	
Aktivdarlehen		Übriger Aufwand	
Warenbestand		Zinsaufwand	
Mobilien		Abschreibungsaufwand	

Buchungen im Verlaufe des Geschäftsjahres

1. a) Kauf von Waren gegen Rechnung Fr. 20 000.–.

   b) Verkauf von Waren auf Kredit Fr. 32 000.–.

   c) Wir bezahlen Fr. 400.– für Transportkosten auf unsern Wareneinkäufen bar.

2. Aufgrund eines Mangels senden wir Waren im Wert von Fr. 2 340.– an den Lieferanten zurück (vgl. 1a).

3. Die Eigentümerin, Kim Rey, bezieht Waren zu Einstandspreisen Fr. 300.–. (Es erfolgt eine Verrechnung mit dem Konto *Eigenkapital*.)

4. a) Wir nehmen Darlehen von Fr. 50 000.– auf; der Betrag wird auf unser Bankkonto gutgeschrieben.

   b) Der vereinbarte Zinssatz beträgt 5 %. Nach einem halben Jahr bezahlen wir den Halbjahreszins durch Banküberweisung.

5. Wir bezahlen eine bereits verbuchte Lieferantenrechnung von Fr. 8 000.– nach Abzug von 2 % Skonto.

6. Der Zins unseres Bankguthabens ist nachzutragen:

   Bruttozins   Fr.   420.–

   − Verrechnungssteuer 35 %   _____

   Gutschrift auf dem Bankkonto   _____

   a) Verbuchen Sie die Nettozinsgutschrift.

   b) Verbuchen Sie die Verrechnungssteuer.

7. Vor vier Jahren haben wir E. Sigrist ein Darlehen von Fr. 20 000.– zu 4 % gewährt. Nun bezahlt der Darlehensnehmer den Halbjahreszins durch Überweisung auf unser Postkonto.

8. Wir erhalten eine Rechnung von Fr. 4 200.– für eine externe Verkaufsschulung unserer Mitarbeiter.

9. Verbuchen Sie die folgende Lohnabrechnung des Monats November:

   Bruttolöhne   Fr.   80 000.–

   − 12 % Arbeitnehmerbeiträge   _____

   Nettolöhne   _____

   a) Die Nettolöhne werden durch Bankgiro ausbezahlt.

   b) Die Arbeitnehmerbeiträge werden der Sozialversicherung gutgeschrieben.

   c) Die entsprechenden Arbeitgeberbeiträge belaufen sich auf 13 % des Bruttolohnes. Sie werden der Sozialversicherung gutgeschrieben.

10. Wir kaufen ein Fotokopiergerät für das Büro auf Kredit Fr. 1 800.–.

11. Nach Absprache mit unserem Lieferanten wandeln wir seine Lieferantenrechnung von Fr. 23 500.– in ein Darlehen um.

12. a) Verkauf von Waren gegen Rechnung Fr. 18 000.–.

    b) Der Kunde von a) bezahlt die Rechnung unter Abzug von 2 % Skonto auf unser Bankkonto.

Buchungen beim Jahresabschluss

13. Abschreibungen auf den Mobilien Fr. 5 000.–.

14. Der Warenvorrat betrug am Jahresanfang Fr. 18 000.– und am Jahresende Fr. 12 000.–. Die Bestandesdifferenz ist zu verbuchen.

15. Der Reinverlust von Fr. 10 000.– wird mit dem Eigenkapital verrechnet.

Zinsrechnung   51

R 44 Der Buchhaltung der Zephir AG können für das zweite Quartal folgende Zahlen entnommen werden:

1. Kreditverkäufe von Waren (inkl. 7,6 % Mehrwertsteuer)   Fr. 258 240.–
2. Barverkäufe von Waren (inkl. 7,6 % Mehrwertsteuer)   Fr. 129 120.–
3. Kreditkäufe von Waren (inkl. 7,6 % Mehrwertsteuer)   Fr. 150 640.–
4. Barkäufe von Waren (inkl. 7,6 % Mehrwertsteuer)   Fr.   32 280.–

Berechnen Sie die Mehrwertsteuer:

	inkl. MWST 107,6 %	MWST Betrag 7,6 %
MWST auf Kreditverkäufen	Fr. _____	Fr. _____
MWST auf Barverkäufen	Fr. _____	Fr. _____
MWST auf Kreditkäufen	Fr. _____	Fr. _____
MWST auf Barkäufen	Fr. _____	Fr. _____

Abzuliefernde Mehrwertsteuer:

Mehrwertsteuerschuld (Verkauf von Waren)   Fr. _____

– Mehrwertsteuerguthaben (Einkauf von Waren)   Fr. _____

Abzuliefernde Mehrwertsteuer   Fr. _____

Verbuchen Sie die Geschäftsfälle nach der Nettomethode

Geschäftsfall		Buchungssatz		Betrag
		Soll	Haben	
1. a)	Kreditverkäufe netto (100 %)			
b)	Mehrwertsteuerschuld (7,6 %)			
2. a)	Barverkäufe netto (100 %)			
b)	Mehrwertsteuerschuld (7,6 %)			
3. a)	Kreditkäufe netto (100 %)			
b)	Mehrwertsteuerguthaben (7,6 %)			
4. a)	Barkäufe netto (100 %)			
b)	Mehrwertsteuerguthaben (7,6 %)			
5.	Verrechnung			
6.	Banküberweisung MWST			

Kapitel 3

In diesem Kapitel lernen Sie,

▶ wie man den Einstandspreis einer Handelsware berechnet.

▶ wie man betriebsintern kalkuliert.

▶ wie interne Kalkulationssätze berechnet werden. Sie wenden diese an und erkennen den Unterschied zwischen Zuschlagssätzen und Quoten.

▶ wie der Verkaufspreis einer Handelsware berechnet wird.

▶ wie zwischen der aufbauenden und der abbauenden Kalkulation unterschieden wird.

3.	**Kalkulation im Warenhandelsbetrieb**	
3.1	Vom Bruttokreditankaufspreis zum Einstandswert	55
3.2	Vom Einstandswert zum Nettoerlös	61
3.3	Vom Nettoerlös zum Bruttokreditverkaufspreis	66
3.4	Vollständiges Kalkulationsschema im Warenhandel	69
Aufgaben 45–89		75

3. Kalkulation im Warenhandelsbetrieb

3.1 Vom Bruttokreditankaufspreis zum Einstandswert

Einführungsbeispiel
Ein Grossist in der Papeteriebranche bekommt von einer Papeterie eine Anfrage für 20 Konferenzmappen aus Leder. Von seinen zwei Lieferanten erhält er folgende Offerten:

Lieferant A

Offerte (für 20 Konferenzmappen)

Katalogpreis Fr. 1 200.–

10 % Wiederverkaufsrabatt
2 % Skonto

Lieferung: franko Domizil*

Lieferant B

Offerte (für 20 Konferenzmappen)

Katalogpreis Fr. 1 380.–

ab 10 Stück 20 % Mengenrabatt

Transportkosten und Versicherung
zu Lasten des Käufers: Fr. 60.–

Die Frage lautet:

Welche Offerte ist für den Grossisten vorteilhafter? – Bei welchem Lieferanten soll er bestellen?

* Franko Domizil: Der Lieferant bezahlt die gesamten Transportkosten bis zum vom Käufer benannten Bestimmungsort. In der Regel rechnet der Verkäufer diese Kosten verdeckt, d. h. für den Kunden unsichtbar, in den Preis ein.

Für die Beantwortung der gestellten Frage muss der Preis berechnet werden, den der Bürofachhändler für die Konferenzmappen gemäss Offerten bezahlen muss. Diese Berechnung wird **Einkaufskalkulation** genannt.

Der Katalogpreis des Lieferanten der Konferenzmappen wird als **Bruttokreditankaufspreis** (BKreditAP) bezeichnet. Von diesem Katalogpreis wird der **Rabatt** abgezogen um den **Rechnungsbetrag,** d.h. den **Nettokreditankaufspreis** (NKreditAP), zu erhalten.

Der **Rabatt** kann ein Naturalrabatt oder eine prozentuale Vergünstigung (Prozentabzug) sein.

In der Praxis werden folgende Rabatte unterschieden:

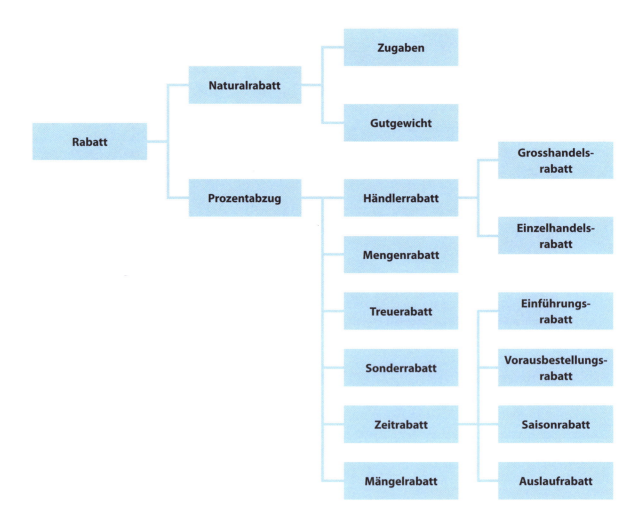

Naturalrabatt Beim Naturalrabatt wird zwischen der Zugabe und dem Gutgewicht unterschieden: Bei der Zugabe werden zusätzlich zur bestellten Menge einige Stück gratis abgegeben. Es werden z.B. 1 000 Kugelschreiber bestellt und verrechnet. Zusätzlich werden 100 Kugelschreiber gratis dazugeliefert. Der Rabatt beträgt in diesem Fall 100 / 1 100 = 9,09 %.
Beim Gutgewicht wird nicht die ganze Menge verrechnet. Es werden z.B. 1 000 kg Bananen geliefert und nur 900 kg berechnet.

Händlerrabatt Der Käufer, der die Waren zum Wiederverkauf erwirbt, erhält einen Rabatt. Es wird zwischen Grosshandelsrabatt und Einzelhandelsrabatt (für Detailhändler) unterschieden.

Mengenrabatt Beim wertmässigen Mengenrabatt gewährt der Lieferant eine prozentuale Vergünstigung, z.B. 10 % des Katalogpreises.

Treuerabatt Treuen Kunden wird ein Rabatt gewährt. Dieser kann in der Form von Rabattmarken, von Rückvergütungen oder in der Form eines Prozentabzuges geschehen.

Zeitrabatt Zu den Zeitrabatten zählen Einführungsrabatt, Vorausbestellungsrabatt, Saisonrabatt und Auslaufrabatt.

Mängelrabatt Der Mängelrabatt wird auch als Qualitätsrabatt bezeichnet. Er wird in der Regel nach der Rechnungsstellung des Lieferanten gewährt und muss darum als einziger Rabatt verbucht werden.

Brutto-, Netto- Taragewicht

Beim **Bruttogewicht** handelt es sich um das Abgangsgewicht der ganzen Sendung inklusive Verpackung. Unter **Tara** versteht man das Gewicht der Verpackung. Subtrahiert man von dem Bruttogewicht die Tara erhält man das **Nettogewicht** der Sendung.

Der Skontoabzug

Vom **Nettokreditankaufspreis** kann bei Bezahlung innerhalb einer bestimmten Frist, z.B. 10 Tage oder 30 Tage, der (auch: das) **Skonto** abgezogen werden. Durch den Skontoabzug verkleinert sich der Nettokreditankaufspreis um einen bestimmten Prozentsatz, z.B. 2%. Der Betrag, der dem Lieferanten bezahlt werden muss, wird als **Nettobarankaufspreis** (NBarAP) bezeichnet.

Beispiel (Offerte 1)

Der Grossist bestellt aufgrund der Offerten nach sorgfältiger Ausrechnung beim Lieferanten A. Er bestellt 20 Konferenzmappen gemäss Katalogpreis des Lieferanten zu Fr. 60.– je Mappe. Der Lieferant gewährt ihm 10% Wiederverkaufsrabatt und 2% Skonto bei Bezahlung innerhalb von 10 Tagen.

Bruttokreditankauf (Katalogpreis)	Fr.	1 200.—	100%	
– 10% Wiederverkaufsrabatt	Fr.	120.—	10%	
Nettokreditankaufspreis (Rechnungsbetrag)	Fr.	1 080.—	90% →	100%
– Skonto	Fr.	21.60		2%
Nettobarankauf (Zahlung)	Fr.	1 058.40		98%

Die Rechnung des Lieferanten A beläuft sich auf Fr. 1 080.–. Falls der Grossist innert 10 Tagen bezahlt, kann er vom Nettokreditankaufspreis 2% Skonto abziehen. Er bezahlt dann noch Fr. 1 058.40.

Für die Berechnung des Nettokreditankaufspreises gilt folgende Regel:

> **Gelangt man vom Bruttokreditankaufspreis zum Nettobarankaufspreis, beginnt jede neue Stufe mit 100% (= Grundwert).**

Um vom Nettobarankaufspreis zum Einstandswert (EST) zu gelangen, müssen (soweit vorhanden) die Bezugskosten addiert werden. Die Bezugskosten verteuern den Einstandswert.

Die **Bezugskosten** sind, falls nichts anderes vereinbart wird, vom Käufer zu tragen (OR Art. 189 Abs. 1). Sie umfassen die Einkaufskommission für die Vermittlung der Waren, die Transportkosten (Strassenverkehr, Bahnfracht, Seefracht, Luftfracht), den Importzoll sowie die Versicherungskosten.

Die Höhe der Bezugskosten hängt von folgenden Faktoren ab:

- Art der Ware
- Wert der Ware
- Gewicht der Ware
- Volumen der Ware
- Transportdistanz
- Transportart

Alle Buchungen beim Einkauf der Ware werden über das Konto Warenaufwand verbucht.

Die Buchungen des Einkaufs lauten:

Warenrechnung	**Warenaufwand / Kreditoren**	**Fr. 1 080.—**
Skontoabzug	**Kreditoren / Warenaufwand**	**Fr. 21.60**
Bezahlung per Bank	**Kreditoren / Bank**	**Fr. 1 058.40**

Beispiel (Offerte 2)

Hätte der Grossist die Konferenzmappen beim Lieferanten B in Luzern bestellt, so wären folgende Konditionen zur Anwendung gelangt: Katalogpreis des Lieferanten für 20 Schreibmappen Fr. 1 380.–, 20 % Mengenrabatt ab 10 Stück, Transportkosten zu Lasten des Käufers Fr. 60.–.

Bruttokreditankauf (Katalogpreis)	Fr.	1 380.—	100 %	
– 20 % Wiederverkaufsrabatt	Fr.	276.—	20 %	
Nettokreditankaufspreis (Rechnungsbetrag)	Fr.	1 104.—	80 % →	100 %
– Skonto	Fr.	0.—		0 %
Nettobarankauf (Zahlung)	Fr.	1 104.—		100 %
+ Bezugskosten	Fr.	60.—		
Einstandswert	Fr.	1 164.—		

Da bei der Offerte 1 des Lieferanten A keine Bezugskosten anfallen, entspricht der Einstandswert dem Nettobarankaufspreis. Aufgrund der Berechnungen sieht man, dass die Offerte des Lieferanten A für den Grossisten trotz tieferem Rabattsatz günstiger ausfällt.

Der **Einstandswert** (= Einstandspreis) entspricht jenem Preis, den der Einkäufer für die Ware bezahlen muss, bis sie bei ihm am Lager ist. Der Einstandswert ergibt sich somit aus der Zahlung an den Lieferanten (Verkäufer) zuzüglich den Bezugskosten. Durch die Bezugskosten wird die eingekaufte Ware teurer. Darum werden die Bezugskosten über das Konto Warenaufwand verbucht.

Die Kalkulation vom Bruttokreditankaufspreis bis zum Einstandswert, d.h. die Kalkulation beim Einkauf der Ware, kann grafisch wie folgt darstellt werden:

Einkaufskalkulation

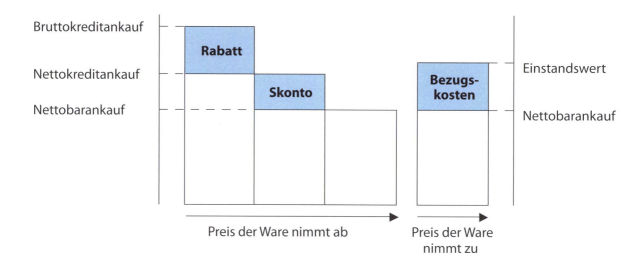

Für die Kalkulation beim Wareneinkauf gilt folgendes Schema:

Einkaufskalkulation	Bruttokreditankaufspreis (Katalogpreis) – Rabatt
	Nettokreditankaufspreis (Rechnungsbetrag) – Skonto
	Nettobarankaufspreis (Zahlung) + Bezugskosten
	Einstandswert

3.2 Vom Einstandswert zum Nettoerlös

> **Einführungsbeispiel**
> Der Grossist hat die 20 Schreibmappen zum Einstandswert von Fr. 1 058.40 bezogen. Falls er die Konferenzmappen zum Einstandswert an seinen Kunden weiterverkaufen würde, wären die Lohnkosten der Angestellten, die Ladenmiete, die Werbekosten usw. nicht gedeckt. Diese Kosten muss der Grossist auf die Mappen überwälzen. Zudem möchte er am Verkauf der Konferenzmappen verdienen, d.h. einen Gewinn erzielen.

Die Frage lautet:

Zu welchem Nettoerlös muss der Grossist die Schreibmappen verkaufen, wenn er
a) die Kosten für Ladenmiete, Angestelltenlöhne, Geschäftsreinigung usw. gedeckt haben
b) und einen angemessenen Gewinn erwirtschaften will?

Vom Einstandswert zum Nettoerlös

Im Konto Warenaufwand werden alle Rechnungen der Lieferanten sowie die Bezugskosten erfasst. Der Saldo des Kontos Warenaufwand zeigt den Einstandswert der Waren.

Die **Gemeinkosten** (GK) sind Kosten, die dem einzelnen Artikel nicht direkt zugerechnet werden können, da im Geschäft noch viele andere Waren verkauft werden. Aus diesem Grund wird mit einem Prozentsatz (Gemeinkostenzuschlag) aufgrund bisheriger Erfahrungen gerechnet. Die Berechnung des Gemeinkosten-Zuschlagsatzes folgt an späterer Stelle.

Bei den Gemeinkosten handelt es sich vor allem um

- Löhne für die Mitarbeiter
- Miete für das Ladenlokal
- Werbung
- Versicherungen
- Licht, Strom, Heizung, Reinigung usw.
- allgemeinen Büroaufwand
- Zinsen auf dem Kapital
- Abschreibungen auf der Ladeneinrichtung

Addiert man zum Einstandswert die Gemeinkosten, so erhält man die **Selbstkosten** (SK).

Der Reingewinn, der erzielt werden soll, muss ebenfalls in die Kalkulation mit einbezogen werden. Addiert man zu den Selbstkosten den Reingewinn, so resultiert der **Nettoerlös** (NE).

Der Grossist weiss aus langjähriger Erfahrung, dass die Gemeinkosten in seiner Unternehmung 40 % des Einstandswertes ausmachen. Zudem möchte er einen Reingewinn von 25 % erzielen.

Im aufgeführten Beispiel wird der Nettoerlös wie folgt berechnet:

Einstandswert	Fr.	1 058.40	100 %	
+ Gemeinkosten	Fr.	423.36	40 %	
Selbstkosten	Fr.	1 481.76	140 % →	100 %
+ Reingewinn	Fr.	370.44		25 %
Nettoerlös	Fr.	1 852.20		125 %

Die betriebsinterne Kalkulation kann grafisch wie folgt dargestellt werden:

Betriebsinterne Kalkulation

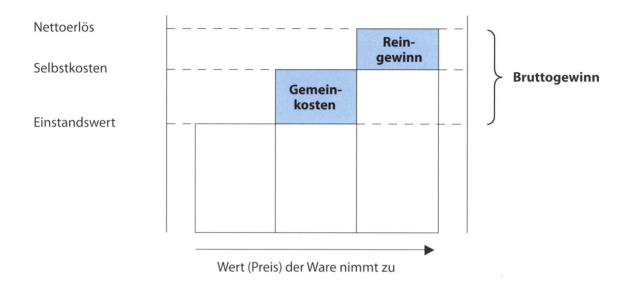

Wert (Preis) der Ware nimmt zu

In Warenhandelsbetrieben wird sehr oft vereinfacht kalkuliert, indem die Gemeinkosten und der erwünschte Reingewinn zusammen, d.h. in einem Prozentsatz, dazugeschlagen werden. Die Summe von Gemeinkosten und Reingewinn bezeichnet man als **Bruttogewinn** (BG).

Wird mit dem Bruttogewinn kalkuliert, ergibt sich folgende Aufstellung:

Einstandswert	Fr.	1 058.40	100 %
+ Bruttogewinn	Fr.	793.80	75 %
Nettoerlös	Fr.	1 852.20	175 %

Für die **betriebsinterne Kalkulation** gilt folgendes Schema:

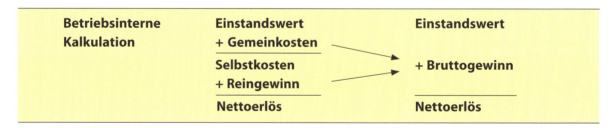

Aus dem Schema ist ersichtlich:

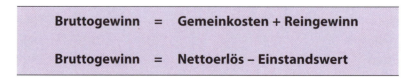

Berechnung der Kalkulations-Zuschlagssätze

In unserem Beispiel haben wir erwähnt, dass der Grossist mit Gemeinkosten von 40 % des Warenaufwandes (= Einstandswert) rechnet. Wie wurde dieser Prozentsatz berechnet?

Im Warenhandelsbetrieb ist die 3-stufige Erfolgsrechnung (des Vorjahres) die Grundlage für die Kalkulation. Die Erfolgsrechnung wird am Ende einer Rechnungsperiode erstellt und dient der **Gesamtnachkalkulation.** Daraus können die Zuschlagssätze berechnet werden. Dabei ist von zentraler Bedeutung, dass die nicht betrieblichen Erfolge, die in der dritten Stufe der Erfolgsrechnung aufgeführt werden, nicht in die Kalkulation mit einbezogen werden.

Beispiel: Gesamtnachkalkulation

Aufwand		3-stufige Erfolgsrechnung (in 1000 Fr.)	Ertrag	
Warenaufwand	65 000	Warenertrag	113 750	1. Stufe
Bruttogewinn	**48 750**			
	113 750		113 750	
Gemeinkosten	26 000	Bruttogewinn	48 750	2. Stufe
Betriebsgewinn	**22 750**			
	48 750		48 750	
Nicht betrieblicher Aufwand	5 200	Betriebsgewinn	22 750	3. Stufe
Unternehmungsgewinn	**24 700**	Nicht betriebliche Erträge	7 150	
	29 900		29 900	

Aus der Gesamtnachkalkulation können folgende Kalkulationssätze berechnet werden:

- Bruttogewinnzuschlag (1)
- Bruttogewinnquote (2)
- Gemeinkostenzuschlag (3)
- Reingewinnzuschlag (4)
- Reingewinnquote (5)

1. Bruttogewinnzuschlag

Wird der Bruttogewinn zum Einstandswert dazugeschlagen, spricht man vom Bruttogewinnzuschlag. Der Bruttogewinn wird in Prozenten des Einstandswertes ausgerechnet.

Unser Beispiel

$$\text{Bruttogewinnzuschlag} = \frac{48\,750 \times 100}{65\,000} = \underline{75\,\%}$$

$$\text{Bruttogewinnzuschlag} = \frac{\text{Bruttogewinn} \times 100}{\text{Einstandswert}}$$

$$\text{Bruttogewinnzuschlag} = \frac{\text{Bruttogewinn} \times 100}{\text{Saldo Warenaufwand}}$$

2. Bruttogewinnquote

Wird der Bruttogewinn in Prozenten des Nettoerlöses ausgedrückt, so spricht man von der Bruttogewinnquote oder **Handelsmarge.** Buchhalterisch entspricht der Nettoerlös dem Saldo des Kontos Warenertrag.

Unser Beispiel

$$\text{Bruttogewinnquote} = \frac{48\,750 \times 100}{113\,750} = \underline{42{,}86\,\%}$$

$$\textbf{Bruttogewinnquote} = \frac{\textbf{Bruttogewinn} \times \textbf{100}}{\textbf{Nettoerlös}}$$

$$\textbf{Bruttogewinnquote} = \frac{\textbf{Bruttogewinn} \times \textbf{100}}{\textbf{Saldo Warenertrag}}$$

3. Gemeinkostenzuschlag

Der Gemeinkostenzuschlag drückt die Gemeinkosten in Prozent des Einstandswertes aus. Die Gemeinkosten werden zum Einstandswert dazugeschlagen. Als Ergebnis resultieren die Selbstkosten.

Unser Beispiel

$$\text{Gemeinkostenzuschlag} = \frac{26\,000 \times 100}{65\,000} = \underline{40\,\%}$$

$$\textbf{Gemeinkostenzuschlag} = \frac{\textbf{Gemeinkosten} \times \textbf{100}}{\textbf{Einstandswert}}$$

4. Reingewinnzuschlag

Wird der Betriebsgewinn zu den Selbstkosten dazugeschlagen, spricht man vom Reingewinnzuschlag. Der Reingewinnzuschlag entspricht dem Betriebsgewinn ausgedrückt in Prozenten der Selbstkosten.

Unser Beispiel

$$\text{Reingewinnzuschlag} = \frac{22\,750 \times 100}{91\,000} = \underline{25\,\%}$$

$$\boxed{\textbf{Reingewinnzuschlag} = \frac{\textbf{Betriebsgewinn} \times \textbf{100}}{\textbf{Selbstkosten}}}$$

5. Reingewinnquote

Ermittelt man den Betriebsgewinn in Prozenten des Nettoerlöses, so spricht man von der Reingewinnquote oder Reingewinnmarge.

Unser Beispiel

$$\text{Reingewinnquote} = \frac{22\,750 \times 100}{113\,750} = \underline{20\,\%}$$

$$\boxed{\textbf{Reingewinnquote} = \frac{\textbf{Betriebsgewinn} \times \textbf{100}}{\textbf{Nettoerlös}}}$$

Es gelten folgende Regeln:

Zuschläge:	**Prozentsätze, die vom tieferen Wert berechnet werden**	
	– Bruttogewinnzuschlag:	Bruttogewinn in Prozenten des Warenaufwandes (= Einstandswert)
	– Gemeinkostenzuschlag:	Gemeinkosten in Prozenten des Warenaufwandes (= Einstandswert)
	– Reingewinnzuschlag:	Betriebsgewinn in Prozenten der Selbstkosten
Quoten:	**Prozentsätze, die vom höheren Wert berechnet werden**	
	– Bruttogewinnquote:	Bruttogewinn in Prozenten des Nettoerlöses
	– Reingewinnquote:	Betriebsgewinn in Prozenten des Nettoerlöses

3.3 Vom Nettoerlös zum Bruttokreditverkaufspreis

> **Einführungsbeispiel**
> Der Papeteriegrossist kann die 20 Schreibmappen zum Nettoerlös von Fr. 1 852.20 an die Papeterie Unterdorf liefern. Für Verpackung und Porto werden Fr. 37.05 durch den Grossisten bezahlt. Dieser Betrag wird dem Kunden in den Preis eingerechnet. Bei Bezahlung innert 30 Tagen kann der Kunde 2% Skonto abziehen. Der Grossist gewährt dem Kunden zudem 15% Mengenrabatt und 10% Wiederverkaufsrabatt.

Die Fragestellungen lauten:

a) Wie hoch muss der Grossist den Katalogpreis (Offerte) ansetzen, damit er den Skonto und die Rabatte gewähren kann?
b) Wie hoch ist die Rechnung an die Papeterie, und welchen Betrag bezahlt die Papeterie an den Grossisten?

Die **Verkaufskalkulation** des Papeteriegrossisten wird in vier Schritte gegliedert:
1. Addition der Verkaufssonderkosten
2. Addition des Skontos
3. Addition des Mengenrabattes
4. Addition des Wiederverkaufsrabattes

1. Schritt: Verkaufssonderkosten

Die Verpackung der Mappen und der Transport kosten Fr. 37.05. Dieser Betrag wird zum Nettoerlös addiert und in unserem Beispiel dem Kunden gezeigt, d. h. offen ausgewiesen. Die Addition von Nettoerlös und Verkaufssonderkosten ergibt den **Nettobarverkaufspreis** (NBarVP).

Nettoerlös	Fr.	1 852.20
+ Verkaufssonderkosten	Fr.	37.05
Nettobarverkaufspreis	Fr.	1 889.25

2. Schritt: Skonto

Da der Grossist den Nettobarverkaufspreis von Fr. 1 889.25 erzielen möchte, muss er den Skontoabzug des Kunden im Voraus einrechnen. Der Skonto wird zum Nettobarverkaufspreis addiert, um den **Nettokreditverkaufspreis** (NKreditVP) zu erhalten.

Der Skonto ist die Entschädigung für den Grossisten, weil er seinem Kunden für die Zeit von 30 Tagen einen Kredit von Fr. 1 889.25 gewährt. Falls der Kunde innerhalb von 30 Tagen bezahlt, kann er 2% Skonto abziehen.

Der Nettokreditverkaufspreis, d. h. die Rechnung an den Kunden, wird wie folgt berechnet:

Nettobarverkaufspreis	Fr.	1 889.25	98%
+ Skonto	Fr.	38.55	2%
Nettokreditverkaufspreis	Fr.	1 927.80	100%

Der Kunde erhält also eine Rechnung im Betrag von Fr. 1 927.80. Dieser Betrag entspricht dem Nettokreditverkaufspreis des Papeteriegrossisten. Für den Kunden entspricht die Rechnung 100%, der Nettobarverkaufspreis für den Grossisten ist 100% − 2% = 98%.

Kontrolle:

Nettokreditverkaufspreis	Fr.	1 927.80	100%
− Skonto	Fr.	38.55	2%
Nettobarverkaufspreis	Fr.	1 889.25	98%

3. Schritt: Mengenrabatt

Will der Grossist seinen Kunden einen Mengenrabatt gewähren, so muss er den Rabatt in den Verkaufspreis einkalkulieren. Die Berechnung des Rabattbetrages erfolgt nach den gleichen Überlegungen wie diejenige des Skontos.
Der Mengenrabatt wird zum Nettokreditverkaufspreis addiert, um den **Händlerpreis** zu erhalten.

Nettokreditverkaufspreis	Fr.	1 927.80	85%
+ Mengenrabatt	Fr.	340.20	15%
Händlerpreis	Fr.	2 268.—	100%

4. Schritt: Wiederverkaufsrabatt

Kann der Kunde noch einen Wiederverkaufsrabatt abziehen, so wird die Summe von Händlerpreis und Wiederverkaufsrabatt als **Bruttokreditverkaufspreis (Katalogpreis)** bezeichnet.

Händlerpreis	Fr.	2 268.—	90%
+ Wiederverkaufsrabatt	Fr.	252.—	10%
Bruttokreditverkaufspreis	Fr.	2 520.—	100%

Nachfolgend ist die vollständige Verkaufskalkulation für die 20 Schreibmappen aus Leder des Papeteriegrossisten dargestellt.

Nettoerlös	Fr.	1 852.20			
+ Verkaufssonderkosten	Fr.	37.05			
Nettobarverkaufspreis	Fr.	1 889.25	98%		
+ Skonto	Fr.	38.55	2%		
Nettokreditverkaufspreis	Fr.	1 927.80	100%	→	85%
+ Mengenrabatt	Fr.	340.20			15%
Händlerpreis	Fr.	2 268.—	90%	←	100%
+ Wiederverkaufsrabatt	Fr.	252.—	10%		
Bruttokreditverkaufspreis	Fr.	2 520.—	100%		

Für die Berechnung des Bruttokreditverkaufspreises gilt folgende Regel:

> Bei der Kalkulation vom Nettobarverkaufspreis zum Bruttokreditverkaufspreis beginnt jede Stufe mit dem verminderten Wert, d.h. unter 100%.

Der Rechnungsbetrag und anschliessend der Katalogpreis können mit Hilfe der Prozentrechnung (vgl. Formel 4, Seite 15) berechnet werden.

Für die **Kalkulation beim Warenverkauf** gilt folgendes vereinfachtes Schema:

Verkaufskalkulation mit einem Rabatt	Verkaufskalkulation mit zwei Rabatten
Nettoerlös	**Nettoerlös**
+ Verkaufssonderkosten	**+ Verkaufssonderkosten**
Nettobarverkaufspreis (Zahlung)	**Nettobarverkaufspreis (Zahlung)**
+ Skonto	**+ Skonto**
Nettokreditverkaufspreis (Rechnung)	**Nettokreditverkaufspreis (Rechnung)**
+ Rabatt	**+ Mengenrabatt**
Bruttokreditverkaufspreis (Katalogpreis)	**Händlerpreis**
	+ Wiederverkaufsrabatt
	Bruttokreditverkaufspreis (Katalogpreis)

Die **Verkaufskalkulation** kann graphisch wie folgt dargestellt werden:

Verkaufskalkulation

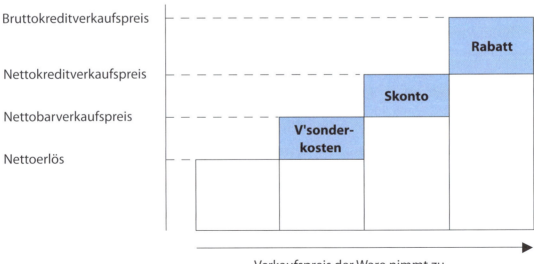

Alle Buchungen beim Verkauf der Ware werden über das Konto Warenertrag verbucht.

Die Buchungen des Verkaufes lauten:

Rechnungsbetrag	**Debitoren**	**/ Warenertrag**	**Fr. 1 927.80**
Transportkosten bar bezahlt	**Warenertrag**	**/ Kasse**	**Fr. 37.05**
Skontoabzug des Kunden	**Warenertrag**	**/ Debitoren**	**Fr. 38.55**
Zahlung auf das Bankkonto	**Bank**	**/ Debitoren**	**Fr. 1 889.25**

3.4 Vollständiges Kalkulationsschema im Warenhandel

Der Papeteriegrossist bezieht 20 Konferenzmappen beim Lieferanten A zu einem Katalogpreis von Fr. 1 200.– und offeriert sie der Papeterie Unterdorf zu Fr. 2 520.–. Die Preiskalkulation des Grossisten besteht aus drei Teilkalkulationen, nämlich aus

- der **Einkaufskalkulation** (vom Bruttokreditankaufspreis zum Einstandswert),
- der **betriebsinternen Kalkulation** (vom Einstandswert zum Nettoerlös) und
- der **Verkaufskalkulation** (vom Nettoerlös zum Bruttokreditverkaufspreis).

Fasst der Grossist die drei Teilkalkulationen zu einer einzigen Kalkulation zusammen, so berechnet er den Bruttokreditverkaufspreis von Fr. 2 520.– wie folgt:

Bruttokreditankauf (Katalogpreis)	Fr.	1 200.—	100 %	
− 10 % Wiederverkaufsrabatt	Fr.	120.—	10 %	
Nettokreditankaufspreis (Rechnung)	Fr.	1 080.—	90 % ➔	100 %
− Skonto	Fr.	21.60		2 %
Nettobarankauf (Zahlung)	Fr.	1 058.40		98 %
+ Bezugskosten	Fr.	0.—	(Lieferung franko Domizil)	
Einstandswert	Fr.	1 058.40	100 %	
+ Gemeinkosten	Fr.	423.35	40 %	
Selbstkosten	Fr.	1 481.75	140 % ➔	100 %
+ Reingewinn	Fr.	370.45		25 %
Nettoerlös	Fr.	1 852.20		125 %
+ Verkaufssonderkosten	Fr.	37.05		
Nettobarverkaufspreis	Fr.	1 889.25	98 %	
+ Skonto	Fr.	38.55	2 %	
Nettokreditverkaufspreis (Rechnung)	Fr.	1 927.80	100 % ➔	85 %
+ Mengenrabatt	Fr.	340.20		15 %
Händlerpreis	Fr.	2 268.—	90 % ←	100 %
+ Wiederverkaufsrabatt	Fr.	252.—	10 %	
Bruttokreditverkaufspreis	Fr.	2 520.—	100 %	

Das allgemeine Kalkulationsschema

Es gilt somit folgendes allgemeines Kalkulationsschema im Warenhandelsbetrieb:

allgemeines Kalkulationsschema	Bruttokreditankaufspreis
	− Einkaufsrabatt
	Nettokreditankaufspreis
	− Skonto
	Nettobarankaufspreis
	+ Bezugskosten
	Einstandswert
	+ Gemeinkosten
	Selbstkosten
	+ Reingewinn
	Nettoerlös
	+ Verkaufssonderkosten
	Nettobarverkaufspreis
	+ Skonto
	Nettokreditverkaufspreis
	+ Rabatt
	Bruttokreditverkaufspreis

Aufbauende und abbauende Kalkulation

Bei der **aufbauenden Kalkulation** wird, wie es im aufgeführten Kalkulationsschema gezeigt wird, vom tieferen Bruttokreditankaufspreis zum höheren Bruttokreditverkaufspreis gerechnet.

Bei der **abbauenden Kalkulation** wird vom höheren Bruttokreditverkaufspreis zum tieferen Bruttokreditankaufspreis gerechnet.

In der Praxis hat die abbauende Kalkulation eine grosse Bedeutung, da der Bruttokreditverkaufspreis oft vom Markt her, durch die Angebote der Konkurrenz, gegeben ist. Der Händler muss sich in diesem Fall die Frage stellen: «Welchen Preis darf ich für einen Artikel beim Einkauf maximal bezahlen, um den nötigen Bruttogewinn zu erzielen?»

Beispiel einer abbauenden Kalkulation

Der Papeteriegrossist könnte einen Designer-Bürostuhl ins Sortiment aufnehmen. Die Konkurrenz verkauft das gleiche Modell für Fr. 650.–. Der Grossist gewährt seinen Kunden einen Mengenrabatt von 10 % beim Kauf von 5 Stühlen und 2 % Skonto bei Bezahlung der Rechnung innert 20 Tagen. Für die Kalkulation wird mit Fr. 23.30 Verkaufssonderkosten gerechnet. Um seine Gemeinkosten zu decken und auch einen angemessenen Reingewinn zu erzielen, rechnet er mit einer Bruttogewinnmarge (= Bruttogewinnquote) von 40 % vom Nettoerlös. Beim Einkauf fallen keine Bezugskosten an. Der Lieferant gewährt keinen Skonto, jedoch einen Lieferantenrabatt von 25 %.

Wie viel Franken darf der Bruttokreditankaufspreis je Bürostuhl höchstens betragen, wenn der Bruttokreditverkaufspreis auf Fr. 650.– festgesetzt wird?

Bruttokreditverkaufspreis	Fr.	650.—	100 %	
− Mengenrabatt	Fr.	65.—	10 %	
Nettokreditverkaufspreis	Fr.	585.—	90 % →	100 %
− Skonto	Fr.	11.70		2 %
Nettobarverkaufspreis	Fr.	573.30		98 %
− Verkaufssonderkosten	Fr.	23.30		
Nettoerlös	Fr.	550.—	100 %	
− Bruttogewinn	Fr.	220.—	40 %	
Einstandswert	Fr.	330.—	60 %	
− Bezugskosten	Fr.	0.—		
Nettobarankaufspreis	Fr.	330.—		
+ Lieferantenskonto	Fr.	0.—		
Nettokreditankaufspreis	Fr.	330.—	75 %	
+ Lieferantenrabatt	Fr.	110.—	25 %	
Bruttokreditankaufspreis	Fr.	440.—	100 %	

Der Bruttokreditankaufspreis je Stuhl darf aufgrund der Kalkulation höchstens Fr. 440.– betragen.

**Kapitel 3
Aufgaben**

Aufgaben zu Kapitel 3

Vom Bruttokreditankaufspreis zum Einstandswert

A 45 In einem Aarauer Restaurant erhalten die Kunden den abgebildeten Kaffee-Pass.

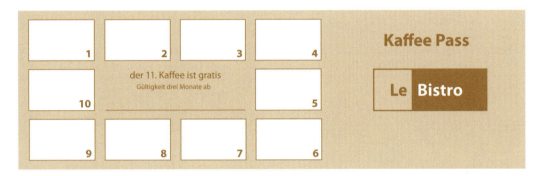

Wie nennt man einen solchen Preisnachlass? – Kreuzen Sie die zutreffende Aussage an.

☐ Mengenrabatt   ☐ Treuerabatt   ☐ Skonto
☐ Einführungsrabatt   ☐ Aktionsrabatt   ☐ Sonderrabatt

A 46 Der Katalogpreis eines Artikels beträgt Fr. 1 250.–. Der Käufer hat Anspruch auf 20 % Rabatt. Bei Zahlung innert 30 Tagen kann er 2 % Skonto abziehen.

a) Vervollständigen Sie das Kalkulationsschema.

Bruttokreditankaufspreis	Fr. _____	_____ %		
− 20 % Rabatt	Fr. _____	_____ %		
Nettokreditankaufspreis	Fr. _____	_____ %	→	_____ %
− 2 % Skonto	Fr. _____			_____ %
Nettobarankaufspreis	Fr. _____			_____ %

b) Berechnen Sie den Nettobarankaufspreis (Zahlung) in Prozenten des Bruttokreditankaufspreises.

A 47 Berechnen Sie die fehlenden Grössen:

	Bruttoankauf	Rabatt	Skonto	Zahlung
a)	630.—	33,5 %	2 %	
b)	2 640.—	20 %		2 048.65
c)	200.—		1,5 %	147.75
d)		20 %	6 %	420.—
e)		30 %	5 %	19.95
f)		37,5 %	3 %	4 210.70
g)	12 600.—		2 %	8 023.20

A 48 Ein Eisenwarengrossist erhält eine Sendung Schrauben, Gesamtgewicht 450 kg, Tara 6 %. Wie hoch ist der Rechnungsbetrag, wenn der Lieferant pro 100 kg Schrauben Fr. 675.– verrechnet?

A 49 Ein Gemüsegrossist kauft 15 t Tomaten brutto, Tara 7 %, zum Bruttokreditankaufspreis von Fr. 120.– je 100 kg netto. Der Lieferant gewährt uns 35 % Mengenrabatt. Die Bezugskosten von Fr. 1 119.– werden vom Käufer getragen. Was kostet uns 1 kg Tomaten netto? Das Resultat ist auf Rappen genau zu runden.

A 50 Die Grosshandels AG bestellt 800 kg Bananen zu Fr. 3.– je kg, wobei die Bananen ein Ankunftsgewicht von 700 kg aufweisen. Der südamerikanische Lieferant gewährt ein Gutgewicht von 10 %. Berechnen Sie den Einstandswert je kg Ankunftsgewicht. Das Ergebnis ist auf zwei Dezimalen zu runden.

A 51 Ermitteln Sie den Rechnungsbetrag für 1 200 kg Obst, wenn der Lieferant der Engros AG folgende Konditionen gewährte: Verkaufspreis brutto je kg Fr. 4.–, Gutgewicht 5 %, Händlerrabatt 15 %.

Kalkulation im Warenhandelsbetrieb 77

A 52 Der Grossist bestellt 20 Schreibmappen aus Leder aufgrund einer detaillierten Einkaufskalkulation beim Lieferanten A. Die Konditionen lauteten: Katalogpreis für 20 Konferenzmappen Fr. 1 200.–, 10 % Wiederverkaufsrabatt und bei Bezahlung innert 10 Tagen 2 % Skonto.

a) Erstellen Sie eine Einkaufskalkulation. Die Prozentzahlen sind rechts vom Schema aufzuführen.

b) Verbuchen Sie den Rechnungsbetrag, den Skontoabzug und die Bezahlung der Rechnung per Post gemäss obiger Offerte.

Geschäftsfall	Buchungssatz		Betrag
	Soll	Haben	
Rechnung			
Skonto			
Bezahlung per Post			

A 53 Die Lieferantin Seiler AG hat uns vor drei Wochen Waren im Wert von Fr. 12 000.– geliefert (Rechnung verbucht). Seiler gewährt uns nachträglich 15 % Mängelrabatt. Wir bezahlen den Restbetrag unter Abzug von 2 % Skonto durch Banküberweisung.

a) Erstellen Sie eine vollständige Einkaufskalkulation. Die Prozentzahlen sind rechts vom Schema aufzuführen.

b) Nennen Sie die Buchungssätze samt Betrag für den Rabattabzug, den Skontoabzug und die Banküberweisung.

Geschäftsfall	Buchungssatz		Betrag
	Soll	Haben	
Rabatt			
Skonto			
Banküberweisung			

A 54 Die Papeterie AG kauft 6 000 Farbstifte zu Fr. 35.– je 100 Stück. Der Lieferant gewährt einen Händlerrabatt von 20 % und einen Mengenrabatt von 5 %. Bei der Bezahlung der Rechnung innert 30 Tagen nach Erhalt kann die Papeterie AG 2 % Skonto abziehen.

a) Erstellen Sie eine Einkaufskalkulation und ermitteln Sie den Rechnungsbetrag.

b) Wie viele Franken bezahlt die Papeterie AG, falls sie vom Skontoabzug Gebrauch macht?

A 55 Die Tea-Trade AG importiert Tee aus Asien und Afrika. Sie verpackt den Tee in handelsübliche Grössen und verkauft ihn an Detaillisten.

Ein Lieferant bietet uns den Tee Ceylon Darjeeling Crown zu folgenden Bedingungen an: Katalogpreis des Lieferanten Fr. 20.– je Kilogramm; 25 % Händlerrabatt; Bezugskosten Fr. 2.– je Kilogramm.

Wir bestellen 40 Kilogramm und bezahlen die Rechnung nach 8 Tagen. Die Verkaufsbedingungen des Lieferanten lauten: 2 % Skonto bei Bezahlung innerhalb von 10 Tagen, rein netto 30 Tage.

a) Erstellen Sie eine vollständige Einkaufskalkulation. Die Prozentzahlen sind rechts des Schemas aufzuführen.

b) Auf welchen Betrag lautet unsere Banküberweisung an den Lieferanten?

c) Wie lauten die Buchungssätze zu diesem Einkauf? Wir bezahlen die Bezugskosten bar an die Trans AG.

d) Wir packen den Ceylon Darjeeling Crown in Tüten à 125 Gramm ab. Berechnen Sie den Einstandswert für eine Tüte.

A 56 Eine Grossgärtnerei bietet eine Vergünstigung an, indem sie beim Kauf von je 10 Gartenpflanzen nur 9 Stück in Rechnung stellt. Bei Barzahlung gewährt sie zusätzlich noch 2 % Skonto.

Wie vielen Prozenten entspricht die Preisermässigung für einen Kunden, der 80 Pflanzen bestellt und bar bezahlt?

A 57 Toni Elmer kauft 12 Säcke zu 25 kg einer bestimmten Ware ein. Pro kg verrechnet der Lieferant Fr. 3.20, gewährt jedoch einen Händlerrabatt von 20 % und bei Bezahlung innert 30 Tagen 2 % Skonto. Die Bezugskosten pro Sack belaufen sich auf Fr. 12.–.

a) Wie hoch kommt der Einstandspreis für 100 kg dieser Ware zu stehen, wenn Toni Elmer bar bezahlt?

b) Verbuchen Sie die Barzahlung der Bezugskosten.

c) OR 189 Abs.1 lautet wie folgt: «*Muss die verkaufte Sache an einen anderen als den Erfüllungsort versendet werden, so trägt der Käufer die Transportkosten, sofern nicht etwas anderes vereinbart oder üblich ist.*»
Handelt es sich beim obigen OR-Artikel um dispositives oder zwingendes Recht?

Kalkulation im Warenhandelsbetrieb 79

A 58 Kreuzen Sie an, ob die Aussagen richtig oder falsch sind.

richtig falsch

a) ☐ ☐ Die Rechnung vom Bruttokreditankaufspreis zum Einstandswert bezeichnet man als Einkaufskalkulation.

b) ☐ ☐ Der Wiederverkaufsrabatt wird auch als Händlerrabatt bezeichnet.

c) ☐ ☐ Der Nettokreditankaufspreis entspricht dem Nettobarankaufspreis, falls kein Rabatt gewährt wird.

d) ☐ ☐ Die Gewährung einer Zugabe von zwei Stück beim Kauf von 20 Stück entspricht einem Rabatt von 10 %.

e) ☐ ☐ Die Bezugskosten werden vom Käufer im Konto sonstiger Betriebsaufwand verbucht.

f) ☐ ☐ Die Lieferungsklausel «Franko Domizil» bedeutet, dass der Verkäufer die Transportkosten bis zum vom Käufer benannten Bestimmungsort übernimmt.

A 59 Ein französisches Designer-Sofa kommt einem Generalimporteur auf Fr. 2 671.40 zu stehen. Die Transportkosten beliefen sich auf Fr. 239.70 und die Kosten für die Einfuhrabfertigung betrugen Fr. 200.70.

a) Wie hoch war der Rechnungsbetrag in Franken, wenn der Importeur 3 % Skonto abziehen konnte?

b) Mit welchem Wechselkurs rechnete die Bank, wenn die Rechnung des französischen Lieferanten Euro 1 412.– betrug?

A 60 Das Fahrradcenter Fischer & Co. bezahlt einem Fahrradproduzenten Fr. 1 911.– für 5 Fahrräder. Berechnen Sie den Rechnungsbetrag der Sendung und den Einstandspreis je Fahrrad, wenn der Fabrikant 2 % Skonto auf dem Warenbezug gewährt hat und die Speditionsfirma Gebrüder Weiss AG uns eine Rechnung von Fr. 421.50 für die Frachtkosten schickt.

A 61* Der Einstandswert einer Ware beträgt Fr. 2 124.80. Die Kommission an den Zwischenhändler beläuft sich auf Fr. 200.–, die Bezugskosten betragen Fr. 249.–. Der Lieferant gewährt dem Käufer 10 % Rabatt und 2 % Skonto.

a) Ermitteln Sie den Rechnungsbetrag des Lieferanten.

b) Wie hoch ist der Katalogpreis des Lieferanten?

Vom Einstandswert zum Nettoerlös

A 62 Die Fitness AG importiert Sportartikel. Der Einstandswert eines Sportgerätes beläuft sich auf Fr. 200.–. Die Gemeinkosten betragen 20 % des Einstandswertes. Das Unternehmen kalkuliert mit 15 % Reingewinn von den Selbstkosten.

a) Vervollständigen Sie unten stehende Kalkulationsschemen.

Einstandswert	Fr. 200.–	100 %		
+ Gemeinkosten	Fr. 40.–	20 %		
Selbstkosten	Fr. 240.–	120 % →	100 %	
+ Reingewinn	Fr. 36.–		15 %	
Nettoerlös	Fr. 276.–		115 %	

Einstandswert	Fr. 200.–	100 %
+ Bruttogewinn	Fr. 76.–	38 %
Nettoerlös	Fr. 276.–	138 %

b) Berechnen Sie den Bruttogewinn in Prozenten des Nettoerlöses (= Bruttogewinnquote) auf zwei Dezimalen genau.

$$\frac{76}{276} \times 100 = 27{,}54\,\%$$

A 63 Wie bezeichnet man die Differenz zwischen

a) Nettoerlös und Einstandswert? Bruttogewinn

b) Bruttogewinn und Gemeinkosten? Reingewinn

c) Selbstkosten und Einstandswert? Gemeinkosten

d) Nettoerlös und Selbstkosten? Reingewinn

e) Selbstkosten und Gemeinkosten? Einstandswert

f) Bruttokreditankaufspreis und Nettokreditankaufspreis? Rabatt

A 64 Welche Gleichungen sind richtig, welche sind falsch?

	richtig	falsch		
a)	☐	☐	Selbstkosten + Gemeinkosten	= Nettoerlös
b)	☐	☐	Nettobarankaufspreis − Bezugskosten	= Einstandswert
c)	☐	☐	Gemeinkosten + Reingewinn	= Bruttogewinn
d)	☐	☐	Nettokreditankaufspreis − Nettobarankaufspreis	= Rabatt
e)	☐	☐	Nettokreditankaufspreis + Rabatt	= Katalogpreis

A 65 Die Erfolgsrechnung eines Warenhandelsbetriebes lautet wie folgt:

Aufwand	2-stufige Erfolgsrechnung		Ertrag
Warenaufwand	295 650	Warenertrag	473 400
Bruttogewinn	**177 750**		
	473 400		473 400
Personalaufwand	86 400	Bruttogewinn	177 750
Raumaufwand	23 950		
Übriger Betriebsaufwand	18 200		
Zinsaufwand	15 300		
Abschreibungen	9 600		
Betriebsgewinn	**24 300**		
	177 750		177 750

Berechnen Sie die folgenden Prozentsätze auf zwei Dezimalen genau:

a) Bruttogewinnzuschlag

b) Bruttogewinnquote (Handelsmarge)

c) Gemeinkosten in Prozenten des Warenaufwandes

d) Reingewinnzuschlag

e) Reingewinnquote

A 66 Der Einstandswert des Artikels T-94 beträgt Fr. 4 000.–. Berechnen Sie den Nettoerlös (Einzel-Vorkalkulation), indem Sie den Gemeinkostenzuschlag und den Reingewinnzuschlag von Aufgabe A 65 verwenden. Alle Zwischenresultate sind auf Rappen genau zu berechnen.

A 67 Die Ketterer Handels AG bittet Sie um eine Gesamtnachkalkulation aufgrund folgender Zahlen (in Franken):

Aufwand	3-stufige Erfolgsrechnung (in 1 000 Fr.)		Ertrag
Warenaufwand	401 500	Warenertrag	791 700
Bruttogewinn	**388 000**	− Debitorenverluste	2 200
	789 500		789 500
Personalaufwand	175 400	Bruttogewinn	388 000
Raumaufwand	56 300		
Übriger Betriebsaufwand	30 000		
Zinsaufwand	25 100		
Abschreibungen	28 600		
Betriebsgewinn	**72 600**		
	48 750		48 750
Ausserordentlicher Aufwand	60 300	Betriebsgewinn	72 600
Unternehmensgewinn	**60 300**	Ausserordentlicher Ertrag	48 000
	120 600		120 600

Berechnen Sie die folgenden Prozentsätze auf zwei Dezimalen genau:

1) Bruttogewinnzuschlag

2) Bruttogewinnquote (Handelsmarge)

3) Gemeinkostenzuschlag

4) Reingewinnzuschlag

5) Reingewinnquote

A 68 Der Einstandswert des Artikels S-57 beträgt Fr. 8 000.–. Berechnen Sie den Nettoerlös, indem Sie den Gemeinkostenzuschlag und den Reingewinnzuschlag von der Aufgabe A 67 verwenden. Alle Zwischenresultate sind auf Rappen genau zu berechnen.

A 69 Berechnen Sie die gesuchten Grössen. Die Resultate sind auf zwei Dezimalen genau zu berechnen.

	a)	b)	c)
Gegeben: Nettoerlös	140 000.–	180 000.–	200 000.–
Gemeinkosten	22 000.–	42 000.–	60 000.–
Bruttogewinn	40 000.–	70 000.–	90 000.–

Gesucht:
1) Einstand in Franken
2) Selbstkosten in Franken
3) Reingewinn in Franken
4) Bruttogewinnzuschlag
5) Bruttogewinnquote (Handelsmarge)
6) Reingewinnzuschlag

A 70 Berechnen Sie die gesuchten Grössen. Die Resultate sind auf zwei Dezimalen genau zu berechnen.

	a)	b)	c)
Gegeben: Nettoerlös	120 000.–	190 000.–	200 000.–
Selbstkosten	90 000.–	152 000.–	160 000.–
Bruttogewinn	60 000.–	114 000.–	103 000.–

Gesucht:
1) Einstand in Franken
2) Gemeinkostenzuschlag
3) Reingewinnquote

A 71 Der Nettoerlös eines Artikels beträgt Fr. 144 000.–, die Selbstkosten belaufen sich auf Fr. 132 320.–; die Bruttogewinnquote beträgt 22 %.

Gesucht:
a) Gemeinkosten in Franken
b) Bruttogewinnzuschlag (auf zwei Dezimalen)
c) Reingewinnquote (auf zwei Dezimalen)

A 72 Von einem Warenhandelsbetrieb sind folgende Zahlen eines Artikels bekannt: Einstandswert Fr. 100 000.–; Gemeinkosten in Prozenten des Einstandes 45 %; Reingewinn in Prozenten des Nettoerlöses (Reingewinnquote) 14 %.

Gesucht:
a) Selbstkosten in Franken
b) Reingewinn in Franken
c) Bruttogewinnquote (auf zwei Dezimalen)
d) Bruttogewinnzuschlag (auf zwei Dezimalen)

A 73 Ermitteln Sie die gesuchten Grössen.

a) Der Einstandswert einer Ware beträgt Fr. 100.–, der Bruttogewinnzuschlag 70%. Berechnen Sie die Bruttogewinnquote.

b) Der Einstandswert einer Ware beträgt 100.–, die Bruttogewinnquote beträgt 45%. Berechnen Sie den Bruttogewinnzuschlag.

A 74 Kreuzen Sie an, ob die Aussagen richtig oder falsch sind.

	richtig	falsch	
a)	☐	☐	Selbstkosten + Gemeinkosten = Nettoerlös
b)	☐	☐	Der Bruttogewinnzuschlag ist immer grösser als die entsprechende Bruttogewinnquote.
c)	☐	☐	Der Unternehmungsgewinn dient als Grundlage für die Berechnung des Reingewinnzuschlages bzw. der Reingewinnquote.
d)	☐	☐	Der Einstandswert der eingekauften Waren ist immer kleiner als der Einstandswert der verkauften Waren.
e)	☐	☐	Eine Verdoppelung der Bruttogewinnquote hat eine Verdoppelung des Bruttogewinnzuschlages zur Folge.

A 75 In die Konten Warenaufwand, Warenertrag und Warenbestand sind die folgenden Zahlen einzutragen:

Anfangsbestand Warenlager	Fr. 40 000.–
Wareneinkäufe	Fr. 210 000.–
Warenverkäufe	Fr. 275 000.–
Rücksendungen an Lieferanten	Fr. 20 000.–
Bezugskosten	Fr. 5 000.–
Rücksendungen von Kunden	Fr. 6 000.–
Endbestand Warenlager	Fr. 36 000.–
Bestandesänderung (noch nicht verbucht)	?

Gesucht:
a) Bruttogewinn
b) Reingewinn, wenn die Gemeinkosten Fr. 49 000.– betragen
c) Bruttogewinnquote
d) Reingewinnzuschlag
e) Einstandswert der eingekauften Waren

Kalkulation im Warenhandelsbetrieb

Vom Nettoerlös zum Bruttokreditverkaufspreis

A 76 Der Computerhändler Peter Schulthess möchte mit einem Gerät einen Nettoerlös von Fr. 2 000.– erzielen. Er rechnet mit Verkaufssonderkosten von Fr. 30.–, die auf den Käufer überwälzt werden. Peter Schulthess gewährt seinen Kunden bei Barzahlung 2 % Skonto und 15 % Sonderrabatt.

a) Vervollständigen Sie das Kalkulationsschema.

Nettoerlös	Fr. 2 000.—		
+ Verkaufssonderkosten	Fr. 30.—		
Nettobarverkaufspreis	Fr. 2 030.—	98 %	
+ Skonto	Fr. 41.43	2 %	
Nettokreditverkaufspreis	Fr. 2 071.43	100 % →	85 %
+ Sonderrabatt	Fr. 365.54		15 %
Bruttokreditverkaufspreis	Fr. 2 436.97		100 %

b) Auf welchen Betrag lautet die Rechnung an den Kunden?

A 77 Berechnen Sie die fehlenden Grössen.

	Nettoerlös	Skonto	Rabatt	BKreditVP
a)	470.40	2 %	20 %	600.—
b)	148.41	3 %	25 %	204.—
c)	124.95	2 %	15 %	150.—
d)	8 380.80	3 %	10 %	9 600.—

A 78 Aus dem Verkauf von 25 Uniformen an die Musikgesellschaft Suhr erzielte das Modehaus Sommer einen Nettoerlös von Fr. 20 370.–. Das Modehaus gewährte den Musikanten einen Rabatt von 20 % sowie einen Skontoabzug von 3 % bei Bezahlung innert 20 Tagen.

a) Ermitteln Sie den Katalogpreis je Uniform mit einer vollständigen Verkaufskalkulation.

b) Auf welchen Betrag lautete die Rechnung des Modehauses?

c) Nennen Sie die Buchungssätze aus der Sicht des Modehauses Sommer, falls die Musikgesellschaft den Skonto ausnützt.

Geschäftsfall	Buchungssatz		Betrag
	Soll	Haben	
Rechnung			
Kundenskonto			
Bezahlung per Post			

A 79 Aus dem Verkauf eines Gerätes soll ein Nettoerlös von Fr. 17 000.– erzielt werden. Zum Nettoerlös werden addiert: Transportkosten im Betrag von Fr. 640.–, 2 % Kundenskonto, 20 % Händlerrabatt.

a) Berechnen Sie den Bruttokreditverkaufspreis dieses Gerätes.

b) Bestimmen Sie den Rechnungsbetrag.

c) Wie bucht der Käufer (Kunde) die Faktura, den Skonto und die Begleichung der Rechnung mittels Barzahlung am Postschalter?

A 80 Wir möchten beim Artikel 255.94 einen Nettoerlös von Fr. 28.50 erzielen. Die Verkaufssonderkosten von Fr. 3.25 werden auf den Kunden überwälzt. Wir gewähren Kunden, die innerhalb von 10 Tagen zahlen, 2 % Skonto. Unser Mengenrabatt beträgt ab 100 Stück 20 % und den Detailhändlern gewähren wir einen Wiederverkaufsrabatt von 10 %.

a) Erstellen Sie eine vollständige Verkaufskalkulation. Die Prozentzahlen sind rechts vom Schema aufzuführen.

b) Tim Seller ist Endverbraucher, kauft aber 300 Stück. Auf welchen Betrag lautet unsere Rechnung?

Kalkulation im Warenhandelsbetrieb

Allgemeines Kalkulationsschema im Warenhandel

A 81 Ordnen Sie im Diagramm die entsprechenden Begriffe den Ziffern 1. bis 18. zu.

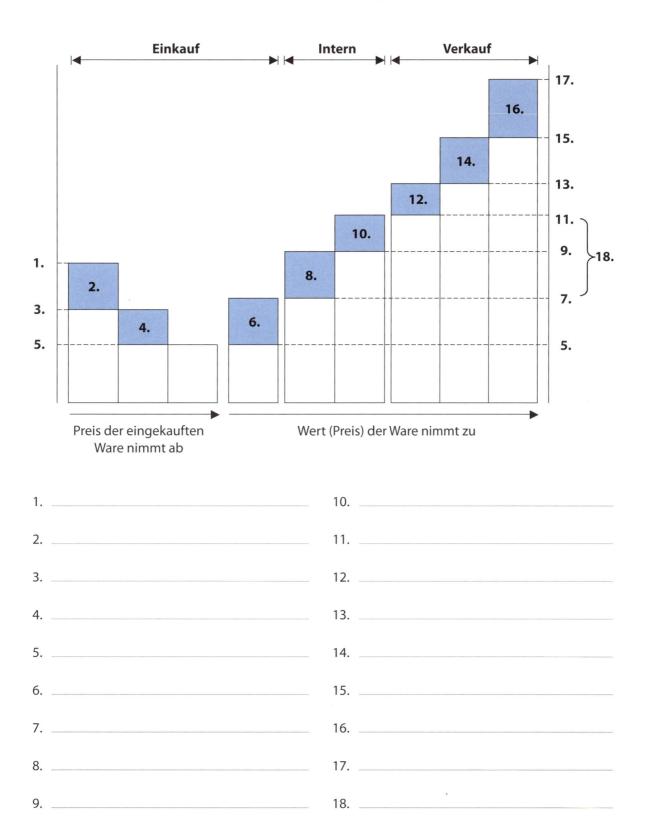

1. _____
2. _____
3. _____
4. _____
5. _____
6. _____
7. _____
8. _____
9. _____
10. _____
11. _____
12. _____
13. _____
14. _____
15. _____
16. _____
17. _____
18. _____

A 82 Ergänzen Sie das unten stehende Kalkulationsschema:

Bruttokreditankaufspreis	Fr.	750.—	_____ %	
− Rabatt	Fr. _____		20 %	
Nettokreditankaufspreis	Fr. _____		_____ % →	_____ %
− Skonto	Fr. _____			_____ %
Nettobarankaufspreis	Fr. _____			98 %
+ Bezugskosten	Fr.	12.—		
Einstandswert	Fr. _____		_____ %	
+ Gemeinkosten	Fr. _____		_____ %	
Selbstkosten	Fr. _____		130 % →	75 %
+ Reingewinn	Fr. _____			_____ %
Nettoerlös	Fr. _____			_____ %
+ Verkaufssonderkosten	Fr.	27.—		
Nettobarverkaufspreis	Fr. _____		_____ %	
+ Skonto	Fr. _____		3 %	
Nettokreditverkaufspreis	Fr. _____		_____ % →	80 %
+ Rabatt	Fr. _____			_____ %
Bruttokreditverkaufspreis	Fr. _____			_____ %

Kalkulation im Warenhandelsbetrieb

A 83 Berechnen Sie mit Hilfe des Kalkulationsschemas die fehlenden Grössen:

	a)	b)
Bruttokreditankaufspreis	9 000.—	150.—
Lieferantenrabatt	10 %	?
Lieferantenskonto	2 %	2 %
Bezugskosten	62.—	5.05
Bruttogewinnzuschlag	- - -	40 %
Gemeinkosten vom Einstandswert	25 %	- - -
Reingewinn von den Selbstkosten	20 %	- - -
Verkaufssonderkosten	?	14.—
Kundenskonto	- - -	2 %
Kundenrabatt	15 %	20 %
Bruttokreditverkaufspreis	14 200.—	250.—

A 84 Verbuchen Sie bei Aufgabe A 83 a) folgende Geschäftsfälle:

a) Rechnung des Lieferanten

b) Lieferantenskonto

c) Bezahlung der Restschuld mittels Barzahlung am Postschalter

d) Barzahlung der Bezugskosten zu unseren Lasten an den Spediteur

A 85 Verbuchen Sie bei Aufgabe A 83 b) folgende Geschäftsfälle:

a) Rechnung an den Kunden

b) Kundenskonto

c) Banküberweisung des Restbetrages auf unser Bankkonto durch den Kunden

A 86 Der PC-Fachhändler Peter Schulthess studiert die Offerte des Lieferanten Datastar. Der Bruttokreditankaufspreis für 10 Notebooks beträgt Fr. 27 900.–. Datastar gewährt 2 % Skonto bei Bezahlung innert 30 Tagen.

Wie viele Prozente Mengenrabatt muss Peter Schulthess mit dem Lieferanten Datastar aushandeln, wenn der Bruttokreditverkaufspreis je Notebook Fr. 3 100.– nicht übersteigen darf und er mit einem Bruttogewinnzuschlag von 25 %, einem Kundenskonto von 2 % und einem Sonderrabatt von 10 % kalkuliert?

A 87 Weinhändler Kuhn kauft von der Kellerei die Flasche Moulin à vent zu Fr. 12.–. Seinen Kunden gewährt er folgende Konditionen:

Mengenrabatt: 3 % ab 24 Flaschen
                             5 % ab 48 Flaschen
                          10 % ab 96 Flaschen

Betriebsintern kalkuliert Kuhn mit einem Gemeinkostenzuschlag von 20 % und einem Reingewinn von 25 % von den Selbstkosten.

a) Berechnen Sie den Katalogpreis für eine Flasche Moulin à vent, wobei sich die Grundkalkulation auf 100 Flaschen bezieht. Die Resultate sind auf Rappen genau zu runden.

b) Wie gross ist sein Reingewinn je Flasche Moulin à vent, wenn ein Kunde nur 54 Flaschen bezieht?

c) Ermitteln Sie den Bruttokreditverkaufspreis je Flasche Pommard, wenn der Einstandswert je Flasche Fr. 18.– beträgt und die Kalkulationssätze gleich bleiben.

A 88 Der Einstandspreis des Artikels X beträgt Fr. 1 200.–. Der Händler rechnet mit 30 % Gemeinkosten vom Einstand und einer Reingewinnquote von 20 %. Die Verkaufssonderkosten belaufen sich auf Fr. 30.– je Stück. Der Händler gewährt 20 % Wiederverkaufsrabatt und 10 % Mengenrabatt.

Erstellen Sie ein vollständiges Kalkulationsschema und ermitteln Sie den Bruttokreditverkaufspreis. Die Zuschlagssätze sind rechts vom Schema aufzuführen.

A 89 Der Einstandspreis des Artikels 301.102 beträgt Fr. 340.–. Das Versandhaus rechnet mit 20 % Gemeinkosten vom Einstand und einem Reingewinnzuschlag von 25 %. Die Verkaufssonderkosten belaufen sich auf Fr. 10.– je Stück. Das Versandhaus gewährt 2 % Skonto und 15 % Mengenrabatt.

Erstellen Sie ein vollständiges Kalkulationsschema und ermitteln Sie den Bruttokreditverkaufspreis. Die Zwischenresultate sind auf 5 Rappen genau zu runden. Die Zuschlagssätze sind rechts vom Schema aufzuführen.

Kapitel 4

In diesem Kapitel lernen Sie,

▶ in welchen Fällen der Kauf von Anlagevermögen aktiviert wird und wann der Kauf als Aufwand verbucht wird.

▶ welche Ursachen eine Wertverminderung des Anlagevermögens haben kann und wie diese Wertverminderungen nach der direkten Methode verbucht werden.

▶ wie sich Abschreibungen auf die Bilanz und die Erfolgsrechnung auswirken.

▶ wie die Abschreibungsbeträge berechnet werden.

4.	**Abschreibungen**	
4.1	Kauf von Anlagevermögen	93
4.2	Die Verbuchung der Abschreibungen	94
4.3	Die Auswirkungen der Abschreibungen in der Finanzbuchhaltung	95
4.4	Die Berechnung des Abschreibungsbetrages	96
4.4.1	Gleich bleibende oder lineare Abschreibung	96
4.4.2	Abnehmende oder degressive Abschreibung	98
Aufgaben 90–95		103
Repetitionsaufgaben 96–98		105

4. Abschreibungen

4.1 Kauf von Anlagevermögen

Einführungsbeispiel
Die Zalvis AG kauft anfangs Januar für drei Büros neue Einrichtungen zum Anschaffungswert von insgesamt Fr. 50 000.– auf Kredit.

Die Fragestellungen lauten:

a) Wie werden die Einrichtungen in der Finanzbuchhaltung aktiviert?
b) Wie gross ist der Wert der Einrichtungen am Ende des Geschäftsjahres?
c) Wie gross ist der Abschreibungsbetrag?
d) Wie lautet die Buchung für die Abschreibung?

Beim Kauf von materiellen Gütern unterscheidet man zwischen solchen, die im Anlagevermögen aktiviert werden und solchen, die sofort als Aufwand verbucht werden. Falls eine Sache über längere Zeit gebraucht werden kann, wie zum Beispiel eine Büroeinrichtung oder ein Lieferwagen, und der Kaufpreis über Fr. 1 000.– liegt (Faustregel), wird die Sache in der Bilanz als Anlagevermögen aufgeführt, d.h. aktiviert. Verbrauchsgüter wie z.B. Druckerpatronen haben eine kurze Lebensdauer und einen relativ tiefen Kaufpreis. Solche Käufe werden als Aufwand verbucht.

Der Investitionsbetrag von 50 000.– wird im Konto Mobilien aktiviert.

Die Verbuchung des Kaufes auf Kredit lautet:

Kreditkauf	**Mobilien / Kreditoren**	**Fr. 50 000.–**

Im Verlauf des Geschäftsjahres nimmt der Wert der Mobilien durch Alterung und Gebrauch ständig ab. Der Buchwert von Fr. 50 000.– im Konto Mobilien wird jedoch während des Jahres nicht verändert. Erst beim Jahresabschluss wird die Wertverminderung der Mobilien verbucht, d.h. das Konto Mobilien wird angepasst. Es stellt sich dann die Frage: «Wie gross ist die Wertverminderung der Einrichtungen?»

4.2 Die Verbuchung der Abschreibungen

Die Geschäftsleitung schätzt die **Nutzungsdauer** der Büroeinrichtungen auf fünf Jahre. Zudem beträgt der voraussichtliche **Restwert** der Einrichtung in fünf Jahren null Franken. Die Wertverminderung pro Jahr lässt sich aus diesen Angaben wie folgt berechnen:

$$\text{Wertverminderung} = \frac{\text{Anschaffungswert}}{\text{Nutzungsdauer}} = \frac{\text{Fr. } 50\,000.-}{5 \text{ Jahre}} = \textbf{Fr. } 10\,000.-$$

Der abzuschreibende Betrag von Fr. 10 000.– wird ins Haben des Kontos *Mobilien* eingetragen. Danach beträgt der **Buchwert** (Restwert, Bilanzwert) der nun einjährigen Büroeinrichtungen noch Fr. 40 000.–.

In der Erfolgsrechnung wird die Wertverminderung der Mobilien um Fr. 10 000.– als Aufwand verbucht. Dadurch kann in der Erfolgsrechnung der richtige Jahreserfolg (Gewinn oder Verlust) ermittelt werden. Durch den Abschreibungsaufwand wird der Reingewinn verkleinert oder der Verlust vergrössert.

Die Verbuchung der Abschreibungen lautet:

Abschreibungen | **Abschreibungsaufwand / Mobilien** | **Fr. 10 000.–**

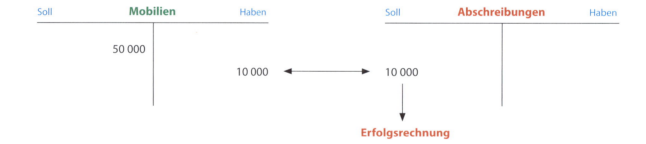

Der **Anschaffungswert** der Einrichtung von Fr. 50 000.– wird durch die Verbuchung der Abschreibung von jährlich Fr. 10 000.– auf fünf Jahre (= Nutzungsdauer) verteilt.

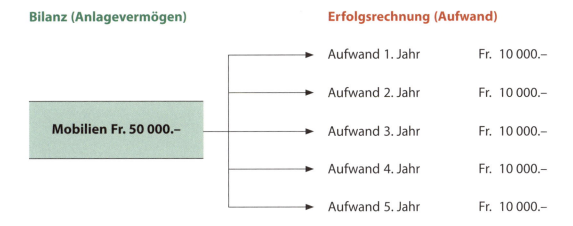

4.3 Die Auswirkungen der Abschreibungen in der Finanzbuchhaltung

a) Vermögensverminderung in der Bilanz

Durch die Verbuchung der Abschreibungen wird der «zu hohe» Buchwert der Mobilien an den effektiven Wert angepasst, da eine Überbewertung gemäss Artikel 960 Abs. 2 des Obligationenrechts verboten ist.

> Durch die Abschreibungen wird der Wert des Anlagevermögens in der Schlussbilanz aktualisiert.

b) Aufwand in der Erfolgsrechnung

Durch die Verbuchung der Abschreibungen Ende Jahr wird in der Erfolgsrechnung ein angemessener Aufwand (= Vermögensverminderung) berücksichtigt.

4.4 Die Berechnung des Abschreibungsbetrages

Der Abschreibungsbetrag kann auf zwei Arten berechnet werden:

4.4.1 Gleich bleibende oder lineare Abschreibung

Die gleich bleibende oder lineare Abschreibung wird dann angewendet, wenn das Anlagevermögen gleichmässig beansprucht wird. Da bei der linearen Abschreibung vom **Anschaffungswert** ausgegangen wird, nennt man dieses Verfahren auch Abschreibung vom Anschaffungswert. Der Vorteil der linearen Abschreibung liegt in der einfachen Berechnung des jährlichen Abschreibungsbetrages.

Für unser Einführungsbeispiel gelten folgende Werte:

Anschaffungswert	Fr.	50 000.–
− Abschreibung 1. Jahr	Fr.	10 000.–
Buchwert (= Restwert) Ende 1. Jahr	Fr.	40 000.–
− Abschreibung 2. Jahr	Fr.	10 000.–
Buchwert (= Restwert) Ende 2. Jahr	Fr.	30 000.–
− Abschreibung 3. Jahr	Fr.	10 000.–
Buchwert (= Restwert) Ende 3. Jahr	Fr.	20 000.–
− Abschreibung 4. Jahr	Fr.	10 000.–
Buchwert (= Restwert) Ende 4. Jahr	Fr.	10 000.–
− Abschreibung 5. Jahr	Fr.	10 000.–
Buchwert (= Restwert) Ende 5. Jahr	Fr.	0.–

Abschreibungen

Grafische Darstellung der linearen Abschreibung

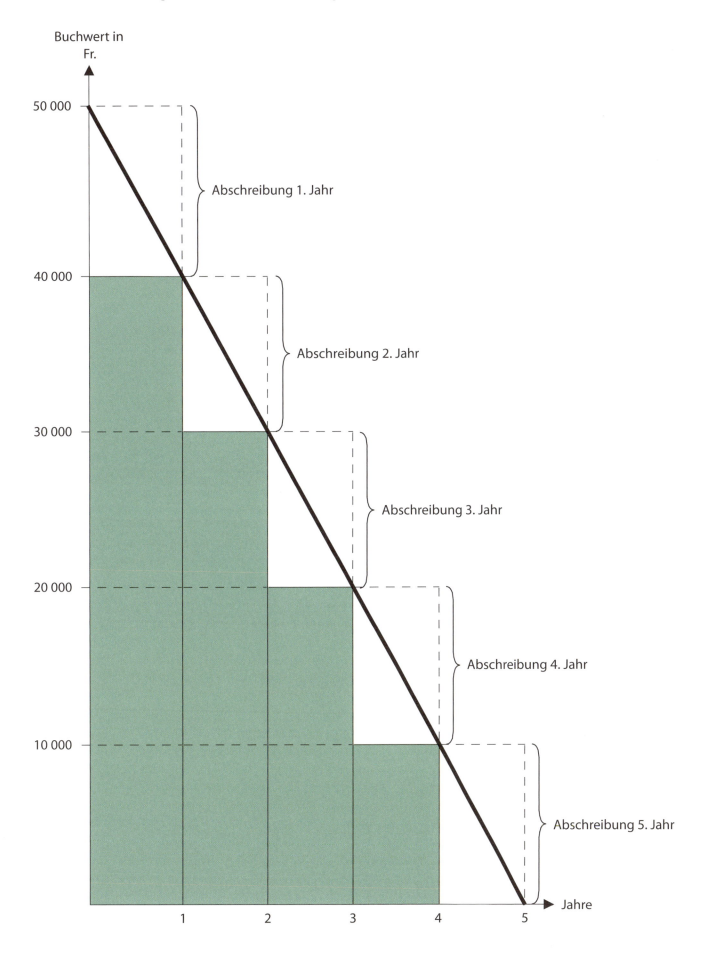

4.4.2 Abnehmende oder degressive Abschreibung

Die abnehmende Abschreibung wird auch degressive Abschreibung oder **Abschreibung vom Buchwert** genannt. Da die Abschreibungen vom abnehmenden Buchwert vorgenommen werden, verkleinert sich der Abschreibungsbetrag von Jahr zu Jahr. Im Normalfall wird bei der degressiven Abschreibung der doppelte Prozentsatz der linearen Abschreibung verwendet. In unserem Beispiel sind dies: 2 × 20 % = 40 %.

Anschaffungswert	Fr.	50 000.–	
– Abschreibung 1. Jahr	Fr.	20 000.–	40 % von 50 000.–
Buchwert (= Restwert) Ende 1. Jahr	Fr.	30 000.–	
– Abschreibung 2. Jahr	Fr.	12 000.–	40 % von 30 000.–
Buchwert (= Restwert) Ende 2. Jahr	Fr.	18 000.–	
– Abschreibung 3. Jahr	Fr.	7 200.–	40 % von 18 000.–
Buchwert (= Restwert) Ende 3. Jahr	Fr.	10 800.–	
– Abschreibung 4. Jahr	Fr.	4 320.–	40 % von 10 800.–
Buchwert (= Restwert) Ende 4. Jahr	Fr.	6 480.–	
– Abschreibung 5. Jahr	Fr.	2 592.–	40 % von 6 480.–
Buchwert (= Restwert) Ende 5. Jahr	Fr.	3 888.–	

Unser Beispiel zeigt, dass die grössten Abschreibungen beim degressiven Verfahren in den ersten Jahren der Nutzung vorgenommen werden. Dies entspricht der Entwertung vieler Sachgüter in der Praxis. Wäre die degressive Abschreibung angewendet worden, hätten die Einrichtungen nach fünf Jahren einen Buchwert (Restwert) von Fr. 3 888.–.

Grafische Darstellung der degressiven Abschreibung

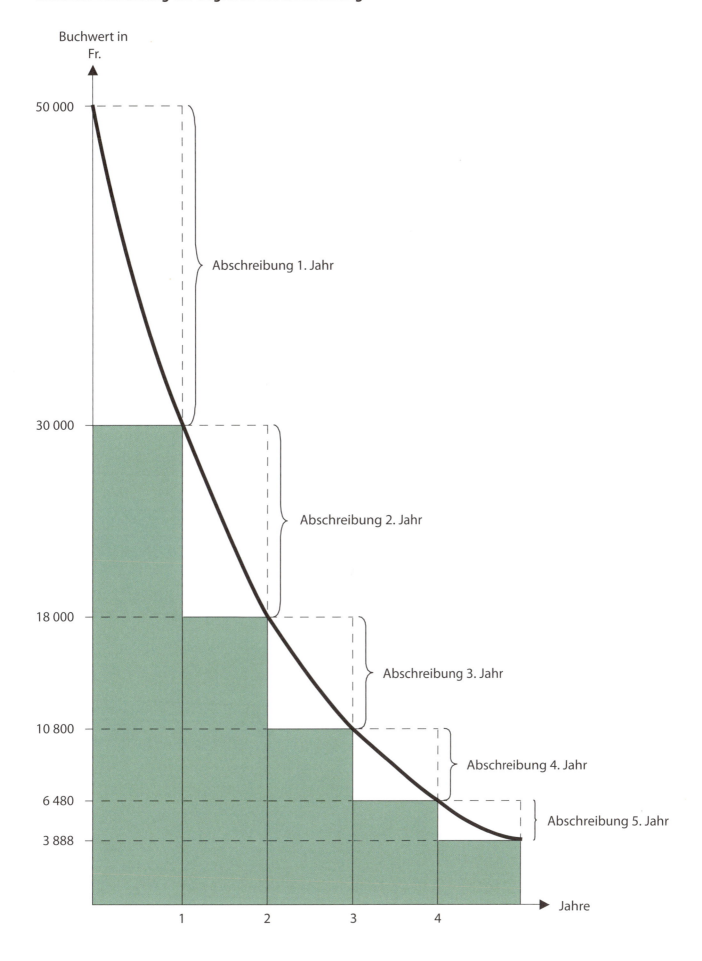

Kapitel 4
Aufgaben

Aufgaben zu Kapitel 4

A 90 Kreuzen Sie an, ob die Aussagen richtig oder falsch sind.

    richtig falsch

a) ☐ ☐ In der Finanzbuchhaltung werden die Abschreibungen zu Beginn des Geschäftsjahres verbucht.

b) ☐ ☐ Die degressive Abschreibung wird als «Abschreibung vom Buchwert» bezeichnet.

c) ☐ ☐ Die Verbuchung der Abschreibungen führt zu einem Abfluss von liquiden Mitteln.

d) ☐ ☐ Die lineare Abschreibung führt zu einem Restwert von null Franken am Ende der geschätzten Nutzungsdauer.

e) ☐ ☐ Bei der degressiven Abschreibung ist der Abschreibungsbetrag im ersten Jahr kleiner als im zweiten Jahr.

f) ☐ ☐ Der Anschaffungswert einer Ladeneinrichtung betrug Fr. 60 000.–. Nach viermaliger degressiver Abschreibung von 30 % beträgt der Restwert Fr. 14 406.–.

A 91 Die Camisch AG kauft zu Beginn des Jahres 2007 eine Büroeinrichtung zum Preis von Fr. 30 000.–. Die Nutzungsdauer der Einrichtung wird auf vier Jahre geschätzt. Ergänzen Sie die folgende Tabelle.

	Lineare Abschreibung von 25 % (vom Anschaffungswert)	Degressive Abschreibung 50 % (vom Buchwert)
Anschaffungswert	Fr. 30 000.–	Fr. 30 000.–
– Abschreibung 1. Jahr		
Buchwert Ende 1. Jahr		
– Abschreibung 2. Jahr		
Buchwert Ende 2. Jahr		
– Abschreibung 3. Jahr		
Buchwert Ende 3. Jahr		
– Abschreibung 4. Jahr		
Buchwert Ende 4. Jahr		

A 92 Die Bau AG kauft ein Geschäftsauto zum Katalogpreis von Fr. 50 000.–. Die Nutzungsdauer wird auf sechs Jahre und der Eintauschwert des Autos am Ende der Nutzungsdauer auf Fr. 8 000.–. geschätzt. Wie hoch sind die jährlichen Abschreibungen beim linearen Verfahren?

A 93 Bruno Weber, ein dynamischer Jungunternehmer, kauft für seine Bio-Bier-Herstellung eine neue Abfüllanlage. Die Maschinenfabrik P. Werder AG stellt ihm für die Anlage eine Rechnung von Fr. 60 000.–. Bei Bezahlung innerhalb von 30 Tagen kann Bruno Weber 2% Skonto abziehen. Für die Montage der Abfüllanlage erhält B. Weber eine Rechnung von Fr. 8 000.–, mit 3 % Skonto bei Bezahlung innerhalb von 10 Tagen.

a) Mit welchem Wert aktiviert Bruno Weber die Anlage, wenn er beide Skontos benützt?

b) Verbuchen Sie beide Rechnungen und die Bezahlung der Rechnungen durch Banküberweisung.

c) Bruno Weber benützt die Anlage 10 Jahre. Er rechnet mit einem Verkaufspreis (Restwert) von Fr. 3 650.–. Wie lautet der Buchungssatz inklusive Betrag für die Abschreibung im ersten Jahr?

A 94* Der Anschaffungswert einer Maschine betrug Fr. 70 000.–. Bisher wurde die Maschine dreimal degressiv um 20% abgeschrieben. Wie hoch ist der Abschreibungsbetrag am Ende des vierten Jahres?

A 95* Nach viermaliger, degressiver Abschreibung von 10 % beträgt der Restwert einer Maschine Fr. 52 488.–. Wie hoch war der Anschaffungswert dieser Maschine?

R 96 Aus der Buchhaltung der Akbara AG können für das zweite Quartal folgende Zahlen entnommen werden. Die Beträge der Käufe und der Verkäufe enthalten immer 7,6% Mehrwertsteuer. Alle Beträge sind auf 5 Rappen zu runden.

1. Kreditverkäufe von Waren   Fr. 348 360.–
2. Barverkäufe von Waren   Fr. 184 500.–
3. Kreditkäufe von Waren   Fr. 235 200.–
4. Barkäufe von Waren   Fr. 67 860.–

Berechnen Sie die Mehrwertsteuer

Mehrwertsteuer auf Kreditverkäufen   Fr. 24 605.35

Mehrwertsteuer auf Barverkäufen   Fr. 13 031.60

Mehrwertsteuer auf Kreditkäufen   Fr. 16 612.65

Mehrwertsteuer auf Barkäufen   Fr. 4 793.10

Abzuliefernde Mehrwertsteuer

Mehrwertsteuer auf Verkäufen   Fr. 37 636.95

− Mehrwertsteuer auf Einkäufen   Fr. 21 405.75

Abzuliefernde Mehrwertsteuer   Fr. 16 231.20

Verbuchen Sie die Geschäftsfälle nach der Nettomethode.

Geschäftsfall	Buchungssatz Soll	Buchungssatz Haben	Betrag
1. a) Kreditverkäufe netto	Forderungen L+L	Warenertrag	323 754.65
b) Mehrwertsteuer	Forderungen L+L	Umsatzsteuer	24 605.35
2. a) Barverkäufe netto	Kasse	Warenertrag	171 468.40
b) Mehrwertsteuer	Kasse	Umsatzsteuer	13 031.60
3. a) Kreditkäufe netto	Warenaufwand	Verbindlichkeiten L+L	218 587.35
b) Mehrwertsteuer	Vorsteuer	Verbindlichkeiten L+L	16 612.65
4. a) Barkäufe netto	Warenaufwand	Kasse	63 066.90
b) Mehrwertsteuer	Vorsteuer	Kasse	4 793.10
5. Verrechnung	Umsatzsteuer	Vorsteuer	21 405.75
6. Banküberweisung	Umsatzsteuer	Bank	16 231.20

R 97 **Abschluss einer Einzelunternehmung**

a) Verbuchen Sie die folgenden Geschäftsfälle (in Tausend Franken) beim Jahresabschluss und tragen Sie die Beträge in die Konten ein. Die Verwendung anderer Konten als diejenigen, die auf dem Arbeitsblatt aufgeführt sind, ist nicht zulässig. Bei zusammengesetzten Konten ist im Buchungssatz nur die zutreffende Kontenbezeichnung zu erwähnen.

Der Geschäftsverkehr vom 1. Januar bis zum 31. Dezember ist bereits in die Konten eingetragen.

1. Wir bezahlen die fällige Rechnung von 4 für bezogene Werbeprospekte durch Banküberweisung.

2. Wir überweisen Darlehenszinsen von 3 durch die Post.

3. Unser Warenlieferant Zeller AG schreibt uns einen Rabatt von 2 gut.

4. Wir gewähren einem guten Kunden einen nachträglichen Mängelrabatt von 6 für beschädigte Waren.

5. Das Konto *Lohnaufwand* muss beim Abschluss die Bruttolöhne zeigen. Bei der Lohnauszahlung hat man den Angestellten jeweils Warenbezüge aus dem Geschäft vom Lohn subtrahiert, aber nur die Auszahlung der Löhne verbucht. Im vergangenen Jahr betrugen diese Warenverkäufe zum reduzierten Verkaufspreis 5.

6. Wir erhalten die Rechnung von 1 für den Stromverbrauch.

7. Wir zahlen das Darlehen durch Banküberweisung um 10 ab.

8. Wir senden Waren im Wert von 2 an den Lieferanten zurück. Er sendet uns eine Gutschrift.

9. Abschreibungen auf den Einrichtungen 16.

10. Warenendbestand gemäss Inventar 350.

b) Erstellen Sie eine Erfolgsrechnung in Berichtsform.

c) Verrechnen Sie den Erfolg mit dem Eigenkapital und erstellen Sie eine gut gegliederte Schlussbilanz in Berichtsform.

Abschreibungen

Kasse, Post, Bank		Kreditoren		Warenaufwand		Warenertrag	
150	36	60	410	320	20	64	792

Debitoren		Darlehen		Lohnaufwand			
420	100		150	210	10		

Warenbestand		Eigenkapital		RaumA, WerbeA			
340			400	85	2		

Einrichtungen				sonstiger BA			
160				88	5		

				ZinsA, AbschrA			
				30	2		

R 98 Verbuchen Sie die folgenden ausgewählten Geschäftsfälle eines Warenhandelsunternehmens. Die Mehrwertsteuer ist nicht zu berücksichtigen.

Aktivkonten	Passivkonten	Aufwandkonten	Ertragskonten
Kasse	Kreditoren*	Warenaufwand	Warenertrag
Post	Hypothek	Lohnaufwand	Zinsertrag
Bank	Darlehen	Sozialvers. Aufwand	a.o. Ertrag
Debitoren	Eigenkapital	übriger Personalaufwand	
Warenbestand	*inkl. Sozialversicherung	Raumaufwand	
Mobilien		Fahrzeugaufwand	
Fahrzeuge		Werbeaufwand	
Immobilien		sonstiger BA	
		Büroaufwand	
		Zinsaufwand	
		Abschreibungen	
		a.o. Aufwand	

Buchungen im Verlaufe des Geschäftsjahres

1. a) Wir verkaufen Waren im Wert von Fr. 4 000.–, die unser Kunde mit seiner Mastercard bezahlt.

   b) Mastercard verrechnet uns Fr. 160.– Spesen.

   c) Mastercard überweist uns Fr. 3 840.– auf das Bankkonto.

2. a) Wir kaufen Waren im Wert von Fr. 80 000.– auf Kredit.

   b) Wir bezahlen die fällige Rechnung von Fr. 80 000.– unter Abzug von 10 % nachträglich gewährtem Mängelrabatt und 2 % Skonto durch Banküberweisung.

3. a) Wir kaufen einen neuen Lieferwagen im Wert von Fr. 52 000.– auf Kredit.

   b) Wir bezahlen die fällige Rechnung von Nr. 3 a) unter Abzug von 2 % Skonto durch Postüberweisung.

4. Wir verkaufen gegen bar ein Möbelstück zum Buchwert von Fr. 800.–.

5. Wir verkaufen Waren auf Kredit.

   a) Unsere Rechnungen an die Kunden betragen Fr. 71 600.–.

   b) Wir bezahlen die Versandfrachten, die vereinbarungsgemäss zu unseren Lasten gehen, bar Fr. 600.–.

   c) Die Kunden senden uns beschädigte Waren im Wert von Fr. 5 000.– zurück; sofort senden wir eine Ersatzlieferung im Wert von Fr. 3 000.–, für den Rest von Fr. 2 000.– schreiben wir eine Gutschrift.

   d) Die Kunden zahlen ihre Restschuld unter Abzug von 2 % Skonto durch Banküberweisung.

6. Vor einigen Tagen stellte der Geschäftsinhaber ein Kassenmanko fest. Nun hat er den Fehler gefunden: Dem Sohn des Geschäftsinhabers sind für gelegentliche Aushilfe im Geschäft Fr. 300.– bar ausbezahlt worden, ohne eine Buchung vorzunehmen.

7. a) Verbuchen Sie folgende Lohnabrechnung:

Bruttolohn	Fr. 15 000.–
– Arbeitnehmerbeiträge	Fr. 2 100.–
Unsere Postüberweisung	Fr. 12 900.–

   b) Die Beiträge des Arbeitgebers betragen Fr. 2 400.–. Sie werden dem Konto der Sozialversicherungen gutgeschrieben.

8. Die Bank belastet den Kontokorrentzins von Fr. 120.– des vergangenen Quartals.

Buchungen beim Jahresabschluss

9. Philipp Borer hat uns ein Passivdarlehen von Fr. 100 000.– gewährt. Als Zinstermine wurden der 30. Juni und der 31. Dezember vereinbart. Der Zinssatz beträgt 5 %, nachfällig zu bezahlen. Am 31. Dezember überweisen wir den geschuldeten Betrag durch die Bank.

10. Die Bank schreibt uns die Kontokorrentzinsen des vierten Quartals von brutto Fr. 150.– gut:

    a) Verbuchen Sie den Nettozins von 65 %.

    b) Verbuchen Sie den Verrechnungssteueranspruch von 35 %.

11. Auf den Mobilien werden Fr. 8 000.– abgeschrieben.

12. Gemäss Inventar hat der Bestand des Warenlagers um Fr. 14 000.– zugenommen.

13. Der Reingewinn von Fr. 33 000.– wird zu 25 % bar ausbezahlt, der Rest wird mit dem *Eigenkapital* verrechnet.

Kapitel 5

In diesem Kapitel lernen Sie

▸ den zeitlichen Ablauf von der Bestellung des Kunden bis zum Debitorenverlust.

▸ die Verbuchung von Betreibungsspesen.

▸ den Buchungssatz für einen definitiven Debitorenverlust.

▸ die Verbuchung von nachträglichen, schon abgeschriebenen Debitorenzahlungen.

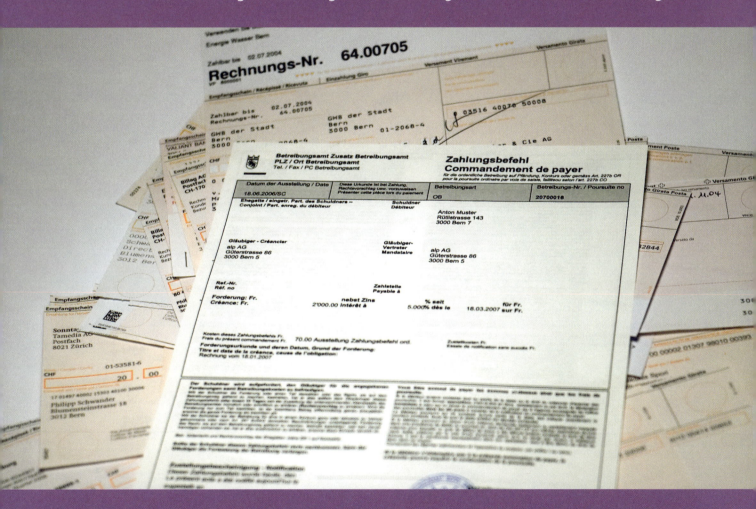

5.	**Debitorenverluste**	
5.1	Von der Bestellung des Kunden bis zum Debitorenverlust	113
5.2	Das Konto Debitorenverluste	114
5.3	Nachträgliche Zahlung	115
Aufgaben 99 – 101		119
Repetitionsaufgaben 102 – 103		123

5. Debitorenverluste

5.1 Von der Bestellung des Kunden bis zum Debitorenverlust

Vor einem Jahr bestellte die Dandy AG, Zug bei uns Waren im Wert von Fr. 18 000.–.

Nach einer eingehenden Prüfung der Kreditwürdigkeit (Bonitätsprüfung) haben wir der Dandy AG die Waren gegen Rechnung geliefert.

Unsere Buchung lautete bei der Lieferung der Waren:

| Debitoren / Warenertrag | Fr. 18 000.– |

Aufgrund eines konjunkturellen Abschwungs erlitt die Dandy AG einen starken Rückgang der Verkaufsumsätze. In der Folge geriet unser Kunde in finanzielle Schwierigkeiten und konnte die fällige Rechnung von Fr. 18 000.– nicht mehr bezahlen. Aus diesem Grund mahnten wir dreimal. Leider ohne Erfolg.

Anschliessend leiteten wir beim Betreibungsamt Zug (Geschäftssitz des Schuldners) die Betreibung ein. Wir überwiesen den Kostenvorschuss für die Betreibung per Post und belasteten den Betrag von Fr. 200.– dem Kunden.

Unsere Buchung lautete:

| Debitoren / Post | Fr. 200.– |

Das Betreibungsamt Zug stellte der Dandy AG darauf den Zahlungsbefehl zu.

Weil der Kunde innert 20 Tagen keine Zahlung leistete und auch keinen Einspruch gegen die Betreibung (= Rechtsvorschlag) erhob, stellten wir beim Betreibungsamt Zug das Fortsetzungsbegehren.

Trotz der Konkursandrohung des Betreibungsamtes Zug bezahlte die Dandy AG die Rechnung nicht. Deshalb stellten wir das Konkursbegehren beim Konkursgericht.

Nach Abschluss des Konkursverfahrens erhielten wir einen Verlustausweis aus Konkurs, der für uns absolut wertlos ist, da die Dandy AG im Handelsregister gelöscht wurde.

Unsere Buchung lautete:

| Debitorenverluste / Debitoren | Fr. 18 200.– |

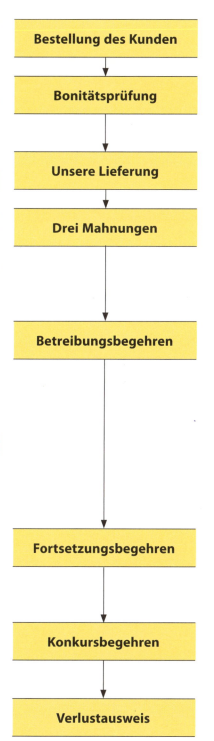

5.2 Das Konto Debitorenverluste

Beim Konto Debitorenverluste (DebV) gelten die Buchungsregeln der Aufwandkonten. In der Erfolgsrechnung werden Debitorenverluste als Erlösminderungen behandelt (→ Korrektur des Warenertrages).

Debitorenverluste in der Erfolgsrechnung

Warenertrag (Total Verkaufsumsatz)	Fr.	920 000.–
− Debitorenverluste	Fr.	18 200.–
	Fr.	901 800.–
− Warenaufwand	Fr.	619 800.–
Bruttogewinn	Fr.	282 000.–

Die Debitorenverluste wirken sich negativ auf den Erfolg aus, d. h. sie verkleinern den Gewinn bzw. vergrössern den Verlust. Die Verluste auf Kundenguthaben werden auch als Abschreibungen auf den Debitoren bezeichnet.

5.3 Nachträgliche Zahlung

Einführungsbeispiel
Im März dieses Jahres erhielten wir von einer Privatperson einen Verlustschein aus Pfändung von Fr. 2 000.–. Durch eine Erbschaft ist diese Person wieder zu Geld gekommen. Sie überweist uns den Betrag von Fr. 2 000.– auf unser Bankkonto.

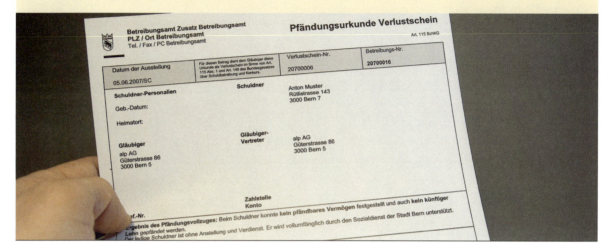

Unser Debitorenguthaben wurde im März über das Konto Debitorenverluste abgeschrieben. Diese Abschreibung wird nun aufgehoben. Der Betrag wird auf unser Bankkonto überwiesen.

Unsere Buchungen lauten:

Stornobuchung	**Debitoren**	**/ Debitorenverluste**	**Fr. 2 000.–**
Bankgutschrift	**Bank**	**/ Debitoren**	**Fr. 2 000.–**

Es gibt Fälle, in denen das Ausstellungsdatum des Verlustscheins aus Pfändung und die nachträgliche Zahlung des Kunden nicht im gleichen Jahr erfolgen. In diesem Fall handelt es sich um einen periodenfremden Ertrag. Der Betriebserfolg (= operatives Ergebnis) des laufenden Jahres darf durch diese Zahlung nicht beeinflusst werden. Aus diesem Grund wird die nachträgliche Zahlung über das Konto ausserordentlicher Ertrag verbucht.

Unsere Buchung lautet:

Banküberweisung	**Bank**	**/ ausserordentlicher Ertrag**	**Fr. 2 000.–**

Endgültige Debitorenverluste kommen in folgenden Fällen vor:
- Verlustschein aus Pfändung und Verlustschein aus Konkurs
- Nachlassvertrag: Wir verzichten endgültig auf einen Teil unserer Forderung
- Insolvenz (Zahlungsunfähigkeit) des Kunden

Kapitel 5
Aufgaben

Aufgaben zu Kapitel 5

A 99 Verbuchen Sie die folgenden Geschäftsfälle.

1. a) Wir senden dem Kunden B. Wicky, Basel Waren im Wert von Fr. 1 380.– gegen Rechnung.

   b) Da wir B. Wicky dreimal erfolglos gemahnt haben, leiten wir mit dem Betreibungsbegehren die Betreibung ein. Den Kostenvorschuss von Fr. 50.– zahlen wir durch Banküberweisung und belasten ihn dem Kunden.

   c) Das Konkursamt Basel überweist uns aus dem Konkurs von B. Wicky eine Konkursdividende von Fr. 280.– auf unser Postkonto. Der Rest unseres Guthabens ist definitiv abzuschreiben.

2. Im Januar des laufenden Jahres haben wir einen Verlustschein aus Pfändung einem Inkassobüro übergeben. Das Inkassobüro überweist uns im November Fr. 1 100.– auf unser Postkonto.

3. Der gerichtliche Nachlassvertrag unserer Schuldnerin Zatta AG zwingt uns zu einem Verzicht von 70 % auf unserem Guthaben von Fr. 8 400.–. Für die Restschuld verlängern wir der Zatta AG die Zahlungsfrist um drei Monate.

4. Die vor vier Jahren erfolglos betriebene Schuldnerin F. Schmid überweist uns Fr. 250.– auf unser Bankkonto. Wir verbuchen den Zahlungseingang als periodenfremden Ertrag.

5. Nach dem Besuch bei unserem Schuldner A. Lanz bringt der Direktor Fr. 300.– (bar) in die Buchhaltung. Die Restschuld von Fr. 410.– wurde dem Kunden mit Rücksicht auf seine finanziellen Schwierigkeiten erlassen.

6. Der Konkurs der Hago AG ist abgeschlossen. Wir erhalten für unser Guthaben von Fr. 2 500.– eine Konkursdividende von 30 % auf unser Postkonto. Für den Rest unserer Forderung erhalten wir einen Verlustschein aus Konkurs.

7. Durch den Abschluss eines privaten Nachlassvertrages verlieren wir 40 % unseres Guthabens von Fr. 9 600.– gegenüber C. Derungs. Der Rest der Forderung bleibt bestehen.

8. a) Wir senden der Kundin Schuli AG, Luzern Waren im Wert von Fr. 5 680.– auf Kredit.

   b) Da wir die Schuli AG erfolglos gemahnt haben, betreiben wir sie. Den Kostenvorschuss von Fr. 120.– zahlen wir durch Postüberweisung und belasten ihn der Kundin.

   c) Das Konkursamt Luzern überweist uns eine Konkursdividende von 20 % unserer Forderung gegenüber der Schuli AG auf unser Bankkonto. Der Rest unseres Guthabens ist definitiv abzuschreiben.

9. Aus dem Konkurs der Einzelunternehmerin S. Johansson, Birrwil erhalten wir von unserer Forderung über Fr. 4 000.– den Betrag von Fr. 320.– bar ausbezahlt. Der Rest ist definitiv verloren.

10. Wir bezahlen die Betreibungsspesen von Fr. 90.– durch Banküberweisung und belasten sie dem säumigen Kunden O. Sager.

A 100 Nennen Sie aufgrund der nachstehenden Angaben die Buchungssätze für einen Warenhandelsbetrieb. Führen Sie die vorgegebenen Konten *Debitoren* und *Debitorenverluste* und schliessen Sie diese Konten ab. Sofern an einem Datum keine Buchung zu treffen ist, vermerken Sie «keine Buchung».

Datum

01.01. Der Anfangsbestand (AB) der Debitoren von 800 ist schon verbucht.

14.01. Unser Kunde M. Clément überweist uns zum Ausgleich unserer Rechnung vom 23.12. den Betrag von 44 auf unser Postkonto. Sein Skontoabzug von 1 ist noch zu verbuchen.

Unsere Rechnung vom 23.12.	45
− Skontoabzug	1
Gutschrift auf Postkonto	44

07.02. Die Kundin E. Bielmann bittet um eine Verlängerung der Zahlungsfrist. Wir belasten ihr einen Verzugszins von 1.

12.03. Wir betreiben I. Lotti, der uns seit längerer Zeit den Betrag von 18 schuldet. Den Betreibungskostenvorschuss von 1 zahlen wir bar auf das Postkonto des Betreibungsamtes ein.

06.04. Im Januar dieses Jahres haben wir unser Guthaben von 16 aus einer Warenlieferung gegenüber Scarlett Johansson abschreiben müssen. Heute überweist uns Johansson 10 auf unser Postkonto.

12.04. Heute erfahren wir, dass J. Linth, der uns 17 schuldet, zahlungsunfähig (= insolvent) ist. Wir schreiben unser Guthaben definitiv ab.

16.04. Postüberweisung von E. Bielmann (siehe 7.2.):

Unsere Rechnung vom 18.11.	23
+ Verzugszins	1
	24

09.05. Aufgrund unserer Betreibung bezahlt I. Lotti (siehe 12.3.) den gesamten uns geschuldeten Betrag auf unser Postkonto.

14.08. R. Germann schuldet uns 24, zahlbar bis 31.7.. Da bis heute keine Zahlung eingetroffen ist, mahnen wir R. Germann schriftlich.

20.10. Heute senden wir an F. Fasel Waren im Betrag von 35, zahlbar in 30 Tagen. Wir verbuchen die Rechnung.

20.11. Am 18.10. haben wir gegen R. Germann (siehe 14.8.) die Betreibung eingeleitet. Den Kostenvorschuss von 1 haben wir am 18.10. korrekt verbucht. Heute überweist uns das Betreibungsamt auf unser Postkonto 14. Für den Rest unseres Guthabens erhalten wir einen Verlustschein.

Diverse Daten   Verschiedene Buchungen (Rechnungen an Kunden, Rücksendungen, Rabatte, Skonti, Zahlungen, Verlustscheine, nachträgliche Zahlungen von Kunden). Die Beträge sind bereits verbucht und in die Konten eingetragen.

Soll	Debitoren	Haben	Soll	Debitorenverluste	Haben
AB	800				
Div. Daten	8 012	7 895	Div. Daten	19	3

A 101 Nennen Sie die Buchungssätze mit Beträgen zu folgenden Geschäftsfällen. Falls keine Buchung nötig ist, schreiben Sie «keine Buchung».

1. a) Wir verkaufen R. Beck Waren im Wert von Fr. 12 000.– auf Kredit.

   b) Da R. Beck die Rechnung nicht fristgerecht bezahlt, mahnen wir ihn mit einem eingeschriebenen Brief.

   c) Nach dreimaliger Mahnung leiten wir die Betreibung gegen R. Beck ein. Den Kostenvorschuss von Fr. 360.– an das Betreibungsamt zahlen wir bar und belasten ihn R. Beck.

   d) Wir erhalten aus dem Konkurs von R. Beck Fr. 3 000.– auf unser Bankkonto. Der Rest unserer Forderung ist definitiv verloren.

2. a) Wir liefern Waren im Wert von Fr. 4 000.– an H. Heiz auf Kredit.

   b) Der Kunde H. Heiz überweist uns seine Schuld inklusive den noch nicht verbuchten Verzugszins von Fr. 40.– auf unser Postkonto.

3. Wir betreiben den Kunden M. Haab für eine Forderung von Fr. 1 000.–. Den Kostenvorschuss von Fr. 30.– leisten wir mit einer Postüberweisung.

4. Vor drei Wochen haben wir Büromobiliar im Wert von Fr. 5 000.– bezogen und die Rechnung verbucht. Nun bezahlen wir unsere Schuld unter Abzug von 2 % Skonto durch Barzahlung am Postschalter.

5. Unser Kunde U. Blättler ist erfolglos gepfändet worden. Wir schreiben unsere Forderung von Fr. 650.– ab.

6. Wir haben mit unserem langjährigen Kunden Batschelet AG einen privaten Nachlassvertrag abgeschlossen. Von unserer Forderung über Fr. 4 240.– zahlt er uns 30 % bar. Der Rest ist abzuschreiben.

7. Das Konkursamt teilt uns mit, dass der Konkurs gegen die Felder AG mangels Aktiven eingestellt wurde. Unsere Forderung von Fr. 1 800.– ist als verloren abzuschreiben.

8. Das Konkursverfahren gegen unsere Schuldnerin HEXA AG ist abgeschlossen. Wir erhalten von unserer Forderung über Fr. 3 700.– eine Konkursdividende von 20 % auf das Bankkonto. Der Rest unserer Forderung ist definitiv abzuschreiben.

9. Wir bezahlen eine fällige Rechnung aus einer Warenlieferung von Fr. 8 000.– unter Abzug von 2 % Skonto durch Banküberweisung.

10. Um die liquiden Mittel zu vergrössern überweist der Geschäftsinhaber Fr. 12 500.– von privaten Mitteln auf das Bankkonto des Geschäftes.

11. Für ein externes Weiterbildungsseminar unserer Mitarbeiterinnen und Mitarbeiter erhalten wir eine Rechnung von Fr. 6 000.–.

12. Vor drei Jahren haben wir eine EDV-Anlage neu beschafft. Die Anschaffungskosten betrugen Fr. 30 000.–. Jährlich werden 30 % vom Buchwert abgeschrieben *(degressive Abschreibung)*. Nun ist die dritte Jahresabschreibung vorzunehmen.

13. Dem Rad- und Motorfahrerverein wurden für seine Tombola Waren geschenkt. Die Schenkung ist zum Einstandspreis von Fr. 400.– zu verrechnen.

14. Vor drei Jahren mussten wir auf dem Guthaben gegenüber Tim Abegg Fr. 600.– definitiv abschreiben. Erfreulicherweise überweist uns Abegg heute Fr. 200.– auf das Postkonto.

15. Von der Regionalzeitung erhalten wir eine Rechnung über Fr. 2 000.– für Werbeinserate.

R 102 Verbuchen Sie die ausgewählten Geschäftsfälle eines Warenhandelsunternehmens. Die Mehrwertsteuer ist nach der Nettomethode zu verbuchen.

1. a) Kauf von Waren gegen Rechnung inkl. 7,6 % Mehrwertsteuer Fr. 107 600.–.

   b) Wir bezahlen die Rechnung des Lieferanten durch Banküberweisung.

2. Barkauf von Kopierpapier fürs Büro inkl. 7,6 % Mehrwertsteuer Fr. 215.20.

3. a) Kreditkauf einer neuen Büroeinrichtung inkl. 7,6 % Mehrwertsteuer Fr. 15 064.–.

   b) Wir bezahlen die Rechnung des Möbellieferanten durch Postüberweisung.

4. a) Rechnung des Reinigungsinstitutes «Propre» inkl. 7,6 % Mehrwertsteuer Fr. 860.80.

   b) Wir bezahlen die Rechnung des Reinigungsinstitutes «Propre» durch Banküberweisung.

5. Barverkäufe von Waren inkl. 7,6 % Mehrwertsteuer Fr. 204 440.–.

6. a) Verrechnung des Vorsteuerguthabens (Debitor Vorsteuer) mit der Schuld gegenüber der Steuerverwaltung (Kreditor MWST).

   b) Überweisung der geschuldeten Mehrwertsteuer durch Bankgiro.

R 103 Abschluss einer Einzelunternehmung

Die provisorische Probebilanz eines Warenhandelsunternehmens zeigt folgende Werte:

Konten	Soll	Haben
Kasse	976	951
Post	1 898	1 828
Debitoren	2 736	2 351
Warenbestand	320	
Mobilien	1 500	50
Fahrzeuge	1 600	100
Kreditoren	794	1 221
Bank	537	585
Darlehen		1 200
Eigenkapital		1 850
Warenertrag	108	2 923
Debitorenverluste	20	
Warenaufwand	1 990	115
Personalaufwand	410	22
Raumaufwand	38	6
Fahrzeugaufwand	30	2
Übriger Betriebsaufwand	230	95
Zinsaufwand	55	
Abschreibungen	71	14
	13 313	13 313

a) Die folgenden Nachträge beim Jahresabschluss sind zu verbuchen.

1. Der Kunde Baumberger schuldet uns aufgrund einer Warenlieferung seit längerer Zeit 20. Heute überweist uns das Betreibungsamt auf unser Bankkonto 7; für den Rest erhalten wir einen Verlustschein.

2. Wir versenden Rechnungen für unsere Warenlieferungen 23.

3. Wir bezahlen die fällige Rechnung für verschiedene Drucksachen (Papier, Kuverts usw.) von 5 durch Banküberweisung.

4. Der Kauf einer neuen Ladeneinrichtung mit einem Anschaffungswert von 100 wurde bis jetzt noch nicht verbucht. Die Finanzierung erfolgte durch die Aufnahme eines langfristigen Darlehens bei der Bank.

5. a) Die Miete von 12 für die Lagerräume wird durch Postüberweisung bezahlt.

   b) Wir erhalten die Rechnung von 13 für die Heizung der Büro- und Lagerräume.

6. Wir bezahlen die fälligen Darlehenszinsen für eines unserer Darlehen durch Banküberweisung 6.

7. Wir erhalten von der Firma J. Haerry-Consulting die Rechnung von 8 für ein neues Marketingkonzept.

8. Laut Inventar beträgt der Warenbestand 310. Die Bestandesdifferenz ist zu verbuchen.

9. a) Die Abschreibungen auf den Mobilien betragen 50.

   b) Die Abschreibungen auf Fahrzeugen betragen 48.

b) Erstellen Sie eine Erfolgsrechnung in Berichtsform.

c) Der Erfolg (Gewinn oder Verlust) ist mit dem Eigenkapital zu verrechnen.

d) Erstellen Sie eine Schlussbilanz in Berichtsform.

Kapitel 6

In diesem Kapitel lernen Sie,

▸ wie ein Einzelunternehmen die Geschäftstätigkeit aufnimmt, d.h. wie ein Einzelunternehmen gegründet wird.

▸ welche Dienstleistungen ein Treuhandbüro anbietet.

▸ wie die Konten Privat und Eigenkapital geführt werden.

▸ wie sich das steuerpflichtige Jahreseinkommen eines Einzelunternehmers zusammensetzt.

6.	Die Einzelunternehmung	
6.1	Die Gründung einer Einzelunternehmung	129
6.2	Buchhalterische Überlegungen zu Beginn der Geschäftstätigkeit	129
6.3	Das Konto Eigenkapital	130
6.4	Das Konto Privat	131
6.5	Das Jahreseinkommen	132
Aufgaben 104–113		137
Repetitionsaufgaben R 114–115		146

6. Die Einzelunternehmung

6.1 Die Gründung einer Einzelunternehmung

Einführungsbeispiel
Pia Egli hat vor vier Jahren ihre Ausbildung zur Treuhandexpertin abgeschlossen. Seither war sie in einem Treuhandbüro angestellt. Nun hat sie sich entschlossen, ein Treuhandbüro auf eigene Rechnung zu führen.

Pia Egli bietet die folgenden Dienstleistungen an:

- Führen von Buchhaltungen inkl. Erstellen von Jahresabschlüssen
- Steuerberatung und das Ausfüllen von Steuererklärungen
- Mehrwertsteuer- und AHV-Abrechnungen usw.
- Revisionsmandate für Aktiengesellschaften

Zur Aufnahme der Geschäftstätigkeit benötigt Pia kein spezielles Gründungsverfahren, d. h. keinen speziellen Gründungsakt. Mit der Aufnahme der Geschäftstätigkeit ist die **Einzelunternehmung** Pia Egli, Treuhandbüro gegründet.

6.2 Buchhalterische Überlegungen zu Beginn der Geschäftstätigkeit

Pia Egli legt von ihrem privaten Vermögen Fr. 40 000.– in die Geschäftskasse. Im Moment der Gründung bestehen die Aktiven aus dem Bargeld in der Kasse des Geschäfts. Durch die Einlage von Fr. 40 000.– hat das Geschäft eine Schuld gegenüber Pia Egli als private Person. Diese Schuld des Geschäftes bezeichnet man als Eigenkapital.

Aktiven	Eröffnungsbilanz		Passiven
Kasse	40 000	Eigenkapital	40 000
	40 000		40 000

> Das Passivkonto **Eigenkapital** zeigt den Betrag, den der Inhaber dem Geschäft **langfristig** zur Verfügung stellt. Das Eigenkapital ist eine Schuld der Einzelunternehmung gegenüber dem Inhaber als Privatperson.
>
> Wir führen die **Finanzbuchhaltung des Unternehmens**! Das private Vermögen und die privaten Schulden des Inhabers betreffen die Finanzbuchhaltung nicht!

Die ersten Geschäftsfälle von Pia Egli

1. Bareinzahlung auf das neu eröffnete Bankkonto Fr. 25 000.–. — Bank / Kasse — Fr. 25 000.–

2. Bareinzahlung auf das neu eröffnete Postkonto Fr. 10 000.–. — Post / Kasse — Fr. 10 000.–

3. Kreditkauf einer Büroeinrichtung und eines PCs im Wert von Fr. 15 000.–. — Mobilien / Kreditoren — Fr. 15 000.–

Nach der Verbuchung der ersten Geschäftsfälle zeigt die **Bilanz** des Treuhandbüros von Pia Egli folgende Werte:

Aktiven		**Bilanz**	Passiven
Umlaufvermögen		**Fremdkapital**	
Kasse	5 000	Kreditoren	15 000
Post	10 000		
Bank	25 000		
Anlagevermögen		**Eigenkapital**	
Mobilien inkl. PC	15 000	Eigenkapital	40 000
	55 000		55 000

6.3 Das Konto Eigenkapital

Über das **Konto Eigenkapital** werden die grösseren Kapitalverschiebungen zwischen Privat- und Geschäftsvermögen gebucht. Da der Geschäftsinhaber ohnehin mit dem ganzen Geschäfts- und Privatvermögen haftet, muss er dabei keine besonderen Vorschriften beachten. Beim Abschluss werden der Saldo des Privatkontos und der Geschäftserfolg auf das Konto Eigenkapital gebucht.

Soll	**Eigenkapital**	Haben
		Anfangsbestand
→ Kapitalrückzüge des Inhabers		→ Kapitaleinlagen des Inhabers
		→ Sacheinlagen (z. B. Möbel)
→ Übertrag Konto *Privat* falls Soll-Überschuss		→ Übertrag Konto *Privat* falls Haben-Überschuss
→ Reinverlust (EK/ER)		→ Reingewinn ER/EK
→ **Saldo** → Übertrag in SB		

6.4 Das Konto Privat

Das **Konto Privat** zeigt die laufenden Bezüge des Inhabers von der Unternehmung und auch die laufenden Gutschriften an den Inhaber. Das Privatkonto wird am Jahresende **über das Konto Eigenkapital abgeschlossen** und erscheint daher **nicht in der Schlussbilanz**.

Soll	Privat	Haben
Bezüge des Geschäftsinhabers		**Gutschriften** an Geschäftsinhaber
→ Bezug von Bargeld		→ Gutschrift Eigenlohn
→ Bezug von Waren usw.		→ Gutschrift Eigenzins
→ Bezahlung von privaten Rechnungen durch das Geschäft		→ Bezahlung von geschäftlichen Rechnungen mit privaten Mitteln
→ Ausgleich des Kontos *Privat* über das Konto *Eigenkapital,* falls die Gutschriften grösser sind als die Bezüge		→ Ausgleich des Kontos *Privat* über das Konto *Eigenkapital,* falls die Bezüge grösser sind als die Gutschriften

Beispiel zum Konto *Eigenkapital* und zum Konto *Privat* von Pia Egli, Treuhandbüro

Geschäftsfälle im Dezember	Buchung	Soll Privat	Haben	Soll EK	Haben
Eintragungen bis zum 30. November		58 000	63 500		20 000
Pia Egli bezieht Bargeld aus der Geschäftskasse.	*Privat / Kasse*	2 000			
Gutschrift des Dezembergehalts	*Lohnaufwand / Privat*		5 000		
Langfristige Kapitaleinlage von Pia Egli auf das Bankkonto	*Bank / Eigenkapital*				20 000
Zinsgutschrift von 5 % auf dem Anfangskapital von Fr. 20 000.–	*Zinsaufwand / Privat*		1 000		
Pia Egli bewirtet im Dezember gute Kunden in ihrer Privatwohnung. Gutschrift an Pia: Fr. 500.–	*sonstiger BA / Privat*		500		
Ausgleich des *Privatkontos* über das Konto *Eigenkapital*	*Privat / Eigenkapital*	10 000			10 000
		70 000	70 000		
Übertrag des Jahresgewinns von Fr. 34 000.– auf das Konto *Eigenkapital*	*Erfolgsrechnung / Eigenkapital*				34 000
	Saldo Konto *Eigenkapital* → SB			Ⓢ 84 000	
				84 000	84 000

6.5 Das Jahreseinkommen

Das Jahreseinkommen eines Einzelunternehmers ergibt sich aus der Summe von Eigenlohn, Eigenzins und Jahresgewinn.

	Variante 1	Variante 2	Variante 3
Eigenlohn	Fr. 60 000.–	Fr. 0.–	Fr. 100 000.–
Eigenzins auf dem Eigenkapital	Fr. 1 000.–	Fr. 0.–	Fr. 1 000.–
Jahresgewinn aus der ER	Fr. 34 000.–	Fr. 95 000.–	Fr. –6 000.–
Unternehmereinkommen	Fr. 95 000.–	Fr. 95 000.–	Fr. 95 000.–

Bei der *Variante 1* vergrössert die Verbuchung von Eigenlohn und Eigenzins den Aufwand und verkleinert damit den Reingewinn um Fr. 61 000.–. Für die Berechnung des Unternehmereinkommens spielt es keine Rolle, ob der Eigenlohn und der Eigenzins verbucht werden oder nicht. In vielen Einzelunternehmungen wird auf die Verbuchung von Eigenlohn und Eigenzins verzichtet. Falls der Eigenlohn und der Zins auf dem Eigenkapital verbucht werden, gilt der (verkleinerte) **Jahresgewinn** als **Risikoprämie.**

Als selbständige Treuhänderin trägt Pia Egli ein wesentlich grösseres Risiko als ein Angestellter. Sie weiss nie mit Sicherheit, ob sie stets genügend Kunden hat, um einen angemessenen Gewinn zu erzielen (→ Absatzrisiko). Vor allem in wirtschaftlich schwierigen Zeiten kann es zu Gewinneinbrüchen oder gar Verlusten kommen.

Steuerpflichtig ist das gesamte Einkommen aus dem Geschäft von Fr. 95 000.–. **Steuersubjekt** ist der Geschäftsinhaber als Selbständigerwerbender (nicht die Einzelunternehmung).

Zusammenfassung zur Einzelunternehmung

Eigentümer	Die Unternehmung gehört einer einzelnen, natürlichen Person.
Eigenkapital	Im Gesetz ist kein Grundkapital vorgeschrieben. Entscheidend ist, wie viel Eigenkapital für die entsprechende Geschäftstätigkeit nötig ist.
Entstehung	Die Einzelunternehmung entsteht ohne irgendwelche Formalitäten einfach durch die Aufnahme der Geschäftstätigkeit.
Handelsregistereintrag	Handels- und Gewerbebetriebe mit einem Umsatz von über Fr. 100 000.– müssen in das Handelsregister eingetragen werden.
Firma	In der Firma muss der Familienname des Geschäftsinhabers enthalten sein. Am gleichen Ort darf die gleiche Firma nur einmal verwendet werden.
Haftung	Der Geschäftsinhaber haftet unbeschränkt, d.h. primär mit dem ganzen Geschäfts- und dann (subsidiär) mit dem Privatvermögen. Falls nach einem längeren, unerfreulichen Geschäftsgang mit Verlusten das Geschäftsvermögen «aufgezehrt» ist, so muss der Inhaber sein privates Sparkonto oder seine privaten Wertpapiere zur Bezahlung der Geschäftsschulden benützen.
Geschäftsführung	Grundsätzlich ist der Geschäftsinhaber für die Geschäftsführung vorgesehen; er kann aber auch Dritte damit beauftragen.
Gewinnverwendung	Der Geschäftsinhaber hat Anspruch auf den ganzen Gewinn. Andererseits muss er auch den ganzen Verlust tragen (→ Unternehmerrisiko).
Reservenbildung	Da eine unbeschränkte Haftung vorgesehen ist, müssen keine Reserven gebildet werden.
Besteuerung	Der Eigentümer versteuert Einkommen und Vermögen aus der Einzelunternehmung in seiner privaten Steuererklärung. Der Einzelunternehmer muss deshalb für die direkten Steuern nur eine Steuererklärung ausfüllen.
Eignung	Die Einzelunternehmung ist für kleine Betriebe mit einem eher kleinen Kapitalbedarf und geringem Risiko geeignet.
Bedeutung in der Praxis	Die Einzelunternehmung ist die Rechtsform, die am häufigsten gewählt wird. Zusätzlich zu den ca. 140 000 Einzelunternehmungen, die im Handelsregister eingetragen sind, gibt es viele Einzelunternehmungen, die nicht eintragungspflichtig sind (Landwirte, Anwälte, Ärzte und Kleinstbetriebe).

Kapitel 6
Aufgaben

Aufgaben zu Kapitel 6

A 104 Melanie Hartmann gründet eine private Handelsschule in der Rechtsform der Einzelunternehmung.

a) Führen Sie das Journal.

1. Das Eigenkapital von Fr. 30 000.– wird auf das neu eröffnete Bankkonto der Handelsschule einbezahlt.

2. Kauf von Stühlen und Tischen für den Schulungsraum auf Kredit. Die Rechnung lautet auf Fr. 20 000.–.

3. Kauf eines Hellraumprojektors für Fr. 1 900.– auf Kredit.

4. Barbezug von Fr. 400.– vom Bankkonto.

5. Vom Bankkonto werden Fr. 2 000.– auf das neu eröffnete Postkonto überwiesen.

6. Teilzahlung von Fr. 14 000.– an den Lieferanten der Tische und Stühle (vgl. Nr. 2) durch Banküberweisung.

7. Die Restschuld beim Lieferanten der Stühle und Tische wird in ein langfristiges Darlehen umgewandelt (vgl. Nr. 2 und Nr. 6).

b) Erstellen Sie die Gründungsbilanz.

A 105 Erstellen Sie eine detaillierte Schlussbilanz I für ein Uhrengeschäft. Gliedern Sie das Umlaufvermögen in flüssige Mittel, Forderungen und Vorräte. Bilden Sie die Gruppen kurzfristiges Fremdkapital und langfristiges Fremdkapital. Es stehen folgende Konten in alphabetischer Reihenfolge zur Verfügung:

Bank (Aktivkonto)	35
Bankschuld	?
Darlehensschuld	150
Debitoren	30
Eigenkapital	540
Fahrzeuge	10
Gewinn	10
Hypothekarschuld	400
Immobilien	600
Kasse	12
Kreditoren	80
Maschinen	20
Mobilien	70
Post	24
Vorräte Material	39
Vorräte Uhren	360

A 106 Erstellen Sie mit den folgenden Angaben (in alphabetischer Reihenfolge) eine detaillierte Schlussbilanz I eines Fabrikationsunternehmens. Es werden nicht alle aufgeführten Konten gebraucht.

1.	Abschreibungsaufwand	20 000
2.	Bankguthaben	15 000
3.	Darlehensschuld	80 000
4.	Debitoren	38 000
5.	einbezahltes Eigenkapital	170 000
6.	erarbeitetes Eigenkapital	75 000
7.	Fahrzeuge	9 000
8.	Gewinn oder Verlust	?
9.	Guthaben gegenüber Angestellten	3 000
10.	Hypothek	100 000
11.	Immobilien	200 000
12.	Kasse	4 000
13.	Kreditoren	25 000
14.	kurzfristige Steuerschuld	10 000
15.	Maschinen (Produktionsanlagen)	90 000
16.	Mobilien	50 000
17.	Rohstoffaufwand	120 000
18.	Rohstoffvorrat	20 000
19.	Vorräte Fertigfabrikate	11 000
20.	Verkaufsertrag	55 000
21.	Wertschriften (liquide Mittel)	35 000

A 107 Erstellen Sie mit den folgenden Angaben (in alphabetischer Reihenfolge) eine detaillierte Schlussbilanz I und eine Erfolgsrechnung eines Handelsunternehmens.

1.	Abschreibungen	20 000
2.	Bankguthaben oder Bankschuld	?
3.	Darlehensschuld	40 000
4.	Debitoren	8 000
5.	Debitorenverluste	2 000
6.	Eigenkapital	145 000
7.	Gewinn	60 000
8.	Guthaben gegenüber Angestellten	4 500
9.	Hypothek	230 000
10.	Immobilien	350 000
11.	Kasse	2 200
12.	Kreditoren	12 000
13.	kurzfristige Steuerschuld	9 000
14.	Lohnaufwand	160 000
15.	Mobilien und Einrichtungen	90 000
16.	Raumaufwand	80 000
17.	übriger Aufwand	?
18.	Warenaufwand	200 000
19.	Warenbestand	20 000
20.	Warenertrag Bürobedarf	550 000
21.	Warenertrag Mappen	65 000
22.	Zinsaufwand	1 000

A 108

a) Verbuchen Sie die folgenden Geschäftsfälle einer Einzelunternehmung und führen Sie die Konten *Privat* und *Eigenkapital*.

b) Berechnen Sie das Jahreseinkommen des Geschäftsinhabers.

1. Eröffnung des Kontos *Eigenkapital* Fr. 100 000.–. Der Buchungssatz ist nicht verlangt.

2. Barbezug des Geschäftsinhabers für private Zwecke Fr. 2 000.–.

3. Für das *Eigenkapital* von Fr. 100 000.– werden dem Geschäftsinhaber 5 % Zins gutgeschrieben.

4. Privatbezug von Waren zum Einstandspreis Fr. 29 000.–.

5. Gutschrift des Unternehmerlohns auf das Konto *Privat* Fr. 60 000.– (12 Buchungen zu Fr. 5 000.–).

6. Der Geschäftsinhaber benützt die Fahrzeuge des Geschäfts oft für private Zwecke. Dafür werden ihm Fr. 15 000.– verrechnet.

7. Zur Erhöhung des Eigenkapitals zahlt der Inhaber Fr. 40 000.– auf das *Bankkonto* des Unternehmens ein (langfristige Einlage).

8. Barbezug des Geschäftsinhabers für private Zwecke Fr. 9 000.–.

9. Ausgleich des Kontos *Privat* über das Konto *Eigenkapital*.

10. Der Reingewinn beträgt Fr. 30 000.–; er wird dem Konto *Eigenkapital* gutgeschrieben.

11. Abschluss des Kontos *Eigenkapital*. Der Buchungssatz ist nicht verlangt.

Soll	**Privat**	Haben		Soll	**Eigenkapital**	Haben

A 109   a) Verbuchen Sie die folgenden Geschäftsfälle einer Einzelunternehmung und führen Sie die Konten *Privat* und *Eigenkapital*.

b) Berechnen Sie das Jahreseinkommen des Geschäftsinhabers.

1. Eröffnung des Kontos Eigenkapital Fr. 80 000.–. Der Buchungssatz ist nicht verlangt.

2. Für das Eigenkapital von Fr. 80 000.– werden dem Geschäftsinhaber 4 % Zins gutgeschrieben.

3. Der Geschäftsinhaber benützt den Lieferwagen für private Zwecke. Dafür werden Fr. 1 200.– verrechnet.

4. Gutschrift des Unternehmerlohns Fr. 72 000.– (12 Buchungen à Fr. 6 000.–).

5. Der Geschäftsinhaber schenkt seiner Tochter Judith ein älteres Geschäftsfahrzeug. Der Betrag von Fr. 8 000.– wird als Privatbezug verrechnet.

6. Zur Verminderung des *Eigenkapitals* bezieht der Inhaber Fr. 30 000.– vom *Bankkonto* des Unternehmens (langfristiger Eigenkapitalrückzug).

7. Privatbezug von Waren zum Einstandspreis Fr. 6 000.–.

8. Barbezug des Geschäftsinhabers für private Zwecke Fr. 4 000.–.

9. Ausgleich des Privatkontos über das Konto *Eigenkapital*.

10. Der Reinverlust beträgt Fr. 16 000.–; er wird dem Konto *Eigenkapital* belastet.

11. Abschluss des Kontos *Eigenkapital*. Der Buchungssatz ist nicht verlangt.

Soll	**Privat**	Haben		Soll	**Eigenkapital**	Haben

A 110 Kreuzen Sie an, auf welcher Seite der Konten Privat bzw. Eigenkapital folgende Posten eingetragen werden:

Geschäftsfall	Privat Soll	Privat Haben	Eigenkapital Soll	Eigenkapital Haben
a) Eigenkapitaleinlage langfristig	☐	☐	☐	☐
b) Barbezug des Geschäftsinhabers	☐	☐	☐	☐
c) Bewirtung von Geschäftskunden in der Privatwohnung	☐	☐	☐	☐
d) Reingewinn	☐	☐	☐	☐
e) Warenbezüge des Inhabers zu Einstandspreisen	☐	☐	☐	☐
f) Zins auf dem Eigenkapital	☐	☐	☐	☐
g) Abschluss des Privatkontos (mit einem Soll-Überschuss)	☐	☐	☐	☐
h) Schlussbestand *Eigenkapital*	☐	☐	☐	☐
i) Der Inhaber stellt dem Geschäft sein Privatauto zur Verfügung	☐	☐	☐	☐
k) Eröffnungsbestand des Privatkontos	☐	☐	☐	☐
l) Lohn des Inhabers	☐	☐	☐	☐

A 111 Nennen Sie den Buchungssatz für die folgenden Geschäftsfälle und geben Sie deren Auswirkungen auf den Bruttogewinn, den Betriebsgewinn und das steuerbare Einkommen (in der Steuererklärung des Einzelunternehmers) an.

Nr.	Buchungssatz	
	Soll	Haben
1.		
2.		
3.		
4.		
5.		
6.		
7.		
8.		

+ Zunahme   = bleibt gleich   – Abnahme

	Brutto-gewinn	Betriebs-gewinn	steuerbares Einkommen
1. Der Geschäftsinhaber bezieht seinen Lohn bar.			
2. Wir kaufen Waren auf Kredit.			
3. Wir verkaufen Waren bar.			
4. Wir verschenken Waren zu Werbezwecken (zum Einstandspreis).			
5. Verbuchung des Eigenzinses			
6. Der Geschäftsinhaber bezieht Waren zum Einstandspreis für den Privatgebrauch.			
7. Bestandeszunahme des Warenlagers am Ende des Geschäftsjahres			
8. Abschreibungen auf den Mobilien			

A 112 Nachstehend finden Sie die provisorische Probebilanz der Firma Marcel Clément, Warenhandel.

Konten	Soll	Haben
Kasse, Post, Bank	180	60
Debitoren	400	170
Warenbestand	250	
Mobilien	235	35
Einrichtungen	520	20
Kreditoren	55	295
Hypothek		300
Passivdarlehen		40
Privat	25	55
Eigenkapital		500
Warenertrag	106	1 430
Debitorenverluste	24	
Warenaufwand	939	95
Personalaufwand	176	28
sonstiger BA	120	2
Abschreibungen		
	3 030	3 030

a) Bilden Sie die Buchungssätze für die Nachträge (in Tausend Franken).

1. Dem Geschäftsinhaber werden gutgeschrieben:
   a) Eigenlohn 48
   b) Eigenzins 5 % vom Eigenkapital

2. Vor zwei Wochen hat der Inhaber Bargeld im Betrag von 18 für private Zwecke bezogen. Dieser Bezug wurde bisher noch nicht verbucht.

3. Im vergangenen Jahr hat der Geschäftsinhaber öfters Kunden zum Essen im Restaurant eingeladen und mit der privaten Kreditkarte bezahlt; dafür werden ihm 5 gutgeschrieben.

4. Ausgleich des Kontos *Privat* über das Konto *Eigenkapital*.

5. Wir haben einem Kunden Waren geliefert. Die Rechnung von 15 wurde bis jetzt noch nicht verbucht.

6. Guten Kunden schreiben wir einen Rabatt von 28 gut.

7. Der Warenbestand beträgt gemäss Inventar 220.

8. Folgende Abschreibungen sind noch vorzunehmen:
   a) auf den Einrichtungen 20
   b) auf den Mobilien 15

9. Ein definitiver Debitorenverlust von 2 muss noch nachgetragen werden.

b) Erstellen Sie die Erfolgsrechnung in Berichtsform.

c) Vom Reingewinn werden 14 bar ausbezahlt. Der Rest wird mit dem Konto Eigenkapital verrechnet.

d) Erstellen Sie die definitive Schlussbilanz in Berichtsform.

A 113 Verbuchen Sie die folgenden Geschäftsfälle der Drogerie Claude Fröhlicher. Die Mehrwertsteuer wird in dieser Aufgabe nicht verbucht. Es stehen folgende Konten zur Verfügung:

Aktivkonten	Passivkonten	Aufwandkonten	Ertragskonten
Kasse	Kreditoren	Warenaufwand	Warenertrag
Post	Darlehen (DaS)	Lohnaufwand	– Debitorenverluste
Bank	Privat	Sozialvers.aufwand	Zinsertrag
Debitoren	Eigenkapital	übriger Pers. A	
Debitor VST		Fahrzeugaufwand	
Warenbestand		Raumaufwand	
Mobilien		übriger BA	
Fahrzeug		Zinsaufwand	
		Abschreibungen	

a) Verbuchen Sie die folgenden Geschäftsfälle und führen Sie die Konten Privat und Eigenkapital.

1. Der Anfangsbestand im Konto Eigenkapital beträgt Fr. 150 000.–.
2. Claude Fröhlicher zahlt mehrere Privatrechnungen von insgesamt Fr. 42 000.– zulasten des Bankkontos des Geschäftes.
3. Der Geschäftsinhaber nimmt für seinen Sohn Lukas einen alten Computer, der in der Buchhaltung einen Wert von Fr. 550.– hat, nach Hause. Der Anschaffungspreis betrug vor vier Jahren Fr. 4 000.–.
4. Claude Fröhlicher bezieht für seinen Privathaushalt Waren zum reduzierten Verkaufspreis von Fr. 450.–.
5. Damit das Geschäft weiter ausgebaut werden kann, erhöht C. Fröhlicher das Eigenkapital durch eine Überweisung von Fr. 50 000.– auf das Bankkonto des Geschäfts.
6. Für die private Benutzung des Geschäftsautos werden Fröhlicher Fr. 6 000.– verrechnet.
7. Die Spesen für eine externe Weiterbildung von Fr. 500.– werden gutgeschrieben.
8. Durch den Abschluss eines privaten Nachlassvertrages verlieren wir 30 % von Fr. 12 600.– unseres Guthabens gegenüber Ruth Halder. Der Rest der Forderung bleibt bestehen.
9. Dem Inhaber werden Fr. 66 000.– Nettolohn gutgeschrieben (insgesamt 12 Buchungen). Die Arbeitnehmerbeiträge für Sozialversicherungen betragen Fr. 10 000.–. Diesen Betrag bleiben wir vorläufig schuldig.
10. Der Eigenzins von Fr. 8 000.– wird gutgeschrieben.
11. Ausgleich des Privatkontos.
12. Die Bank schreibt den gesamten Bruttozins von Fr. 100.– für das Kontokorrentkonto gut. Verbuchen Sie die Verrechnungssteuer von 35 % ebenfalls.
13. Der Unternehmungsgewinn der Drogerie beträgt Fr. 40 000.–. Davon bleiben 80 % im Geschäft. Den Rest bezieht der Inhaber bar.
14. Schliessen Sie das Konto Eigenkapital ab.

b) Berechnen Sie das Unternehmereinkommen von Claude Fröhlicher.

Die Einzelunternehmung

Journal

Nr.	Buchungssatz		Text	Betrag
	Soll	Haben		

Soll	**Privat**	Haben		Soll	**Eigenkapital**	Haben

R 114   **Abschluss einer Einzelunternehmung**

Die folgenden Geschäftsfälle beim Jahresabschluss sind zu verbuchen und in die Konten einzutragen. Die Verwendung anderer Konten als diejenigen, die auf dem Arbeitsblatt aufgeführt sind, ist nicht zulässig. Die Mehrwertsteuer wird in dieser Aufgabe nicht verbucht.

a) Verbuchen Sie die Nachträge. Der Geschäftsverkehr vom 1. Januar bis zum 31. Dezember ist bereits in den Konten eingetragen.

1. Dem Geschäftsinhaber wird das Jahresgehalt von 60 gutgeschrieben.
2. Gutschrift des Eigenzinses von 4 % vom Eigenkapital.
3. Während des Jahres hat der Geschäftsinhaber den Geschäftswagen für private Zwecke benützt. Dieser Bezug wird mit 14 verrechnet. Als Aufwand für den Geschäftswagen wird der *Sonstige Betriebsaufwand* verwendet.
4. Ausgleich des Privatkontos über das Konto Eigenkapital.
5. Die Löhne von 8 der zwei Mitarbeiter werden durch die Bank überwiesen.
6. Der Lieferant Arber schreibt uns nachträglich einen Mängelrabatt von 4 gut.
7. Guten Kunden überweisen wir einen Treuerabatt von 3 durch die Post.
8. Abschreibungen auf den Mobilien 20.
9. Warenbestand gemäss Inventar 240.

b) Die Erfolgskonti sind abzuschliessen und die Salden in die Konti einzutragen. Anschliessend ist eine Erfolgsrechnung in Kontoform zu erstellen.

c) Der Erfolg wird mit dem Eigenkapital verrechnet.

d) Erstellen Sie eine gut gegliederte Schlussbilanz in Kontoform.

Kasse		Kreditoren		Warenaufwand		Warenertrag	
54	32	1 190	1 280	836	83	123	1 210

Post		Bank		Personalaufwand	
212	48	80	320	210	30

Debitoren		Privat		Raumaufwand	
927	833	53	62	60	

Warenbestand		Eigenkapital		sonstiger BA	
200			300	85	

Mobilien		Abschreibungen	
203	35		

R 115 Mike Limba betreibt eine Antikschreinerei (Nachbau und Restauration von alten Möbeln). Der Kontenplan umfasst u.a. folgende Konten (in alphabetischer Reihenfolge):

Bank
Debitoren
Debitor Vorsteuer (Mehrwertsteuer)
Ertrag ausgeführte Arbeiten
Kreditoren (inkl. Sozialversicherungen)
Kreditor MWST
Lohnaufwand

Maschinen
Materialaufwand
Raumaufwand
Sozialversicherungsaufwand
übriger Betriebsaufwand
übriger Personalaufwand

Nennen Sie Journalbuchungen mit Buchungssatz, Text und Betrag für die unten aufgeführten Geschäftsfälle. Die Mehrwertsteuer wird nach der Nettomethode erfasst.

1. Mike Limba kauft Holz gegen Rechnung ein. Der Rechnungsbetrag inkl. 7,6 % Mehrwertsteuer lautet auf Fr. 3 335.60.

2. Wir bezahlen die Werkstattmiete von Fr. 1 400.– durch Banküberweisung.

3. Die Rechnung für eine neue Mehrzweck-Holzbearbeitungsmaschine lautet auf Fr. 24 748.– inkl. 7,6 % Mehrwertsteuer.

4. Limba abonniert eine neue Fachzeitschrift. Er bezahlt per Bank Fr. 175.– inkl. 2,4 % Mehrwertsteuer.

5. Die Rechnung des Treuhandbüros mit einem Betrag von Fr. 2 690.– inkl. 7,6 % Mehrwertsteuer trifft ein.

6. Wir senden die Rechnung für ausgeführte Schreinerarbeiten an Beni Müller, Interlaken Fr. 44 654.– inkl. 7,6 % Mehrwertsteuer.

7. Beni Müller (siehe Nr. 6) überweist uns den geschuldeten Betrag. Wir erhalten eine Bankgutschrift.

8. Wir erhalten die Rechnung von Fr. 1 614.– inkl. 7,6 % Mehrwertsteuer für die Reparatur einer älteren Maschine.

9. Quartalsende: Rechnen Sie die Mehrwertsteuer ab und überweisen Sie die Steuerschuld per Post.

10. Verbuchen Sie die folgende Lohnabrechnung für den Mitarbeiter Franco Milone:

Bruttolohn	Fr. 5000.–
− 12 % Arbeitnehmerbeiträge	Fr. 600.–
Nettolohn	Fr. 4 400.–

    a) Der Nettolohn wird durch Bankgiro ausbezahlt.

    b) Der Arbeitnehmerbeitrag wird der Sozialversicherung gutgeschrieben.

    c) Die entsprechenden Arbeitgeberbeiträge belaufen sich auf 13 % des Bruttolohnes. Sie werden der Sozialversicherung gutgeschrieben.

Kapitel 7

In diesem Kapitel lernen Sie,

▶ wie eine Bilanz und eine Erfolgsrechnung nach dem Kontenrahmen KMU zu gliedern ist.

▶ welche verschiedenen Bilanz- und Erfolgskennzahlen es gibt. Mit Hilfe der Richtgrössen können Sie die Resultate richtig interpretieren.

▶ wie der Cashflow zu berechnen und das Ergebnis richtig zu interpretieren ist.

7.	**Bilanz- und Erfolgsanalyse**	
7.1	Grundlagen der Bilanz- und Erfolgsanalyse	151
7.2	Bilanz- und Erfolgskennzahlen	153
7.2.1	Die Bilanzkennzahlen	154
7.2.2	Die Erfolgskennzahlen	159
7.2.3	Der Cashflow	161
7.3	Übersicht über die wichtigen Bilanz- und Erfolgskennzahlen	163
	Aufgaben 116–127	167

7. Bilanz- und Erfolgsanalyse

7.1 Grundlagen der Bilanz- und Erfolgsanalyse

Die Analyse der Bilanz und der Erfolgsrechnung dient der Beurteilung der finanziellen Lage einer Unternehmung.

Bevor mit der Analyse der Bilanz und der Erfolgsrechnung begonnen werden kann, müssen diese zweckmässig gegliedert werden.

Gliederung der Bilanz und der Erfolgsrechnung

Die Gliederung der Bilanz und der Erfolgsrechnung nach dem Kontenrahmen KMU und die Bildung von Zwischentotalen (Bildung von Vorkolonnen) sind wichtige Vorarbeiten für die Bilanz- und Erfolgsanalyse. Die Aktivseite der Bilanz wird nach dem **Liquiditätsprinzip,** die Passivseite nach dem **Fälligkeitsprinzip** gegliedert.

Nach dem Kontenrahmen KMU wird die Bilanz wie folgt gegliedert:

Aktiven	**Schlussbilanz**		Passiven
Umlaufvermögen		**Fremdkapital**	
liquide Mittel		kurzfristiges Fremdkapital	
Forderungen		langfristiges Fremdkapital	
Vorräte			
Anlagevermögen		**Eigenkapital**	
finanzielles Anlagevermögen		einbezahltes Eigenkapital	
materielles Anlagevermögen		erarbeitetes Eigenkapital	
immaterielles Anlagevermögen			

Auch die Erfolgsrechnung ist nach dem Kontenrahmen KMU zu gliedern. Im Warenhandelsbetrieb wird eine dreistufige oder eine mehrstufige Erfolgsrechnung erstellt.

Unter **neutrale Aufwände** fallen betriebsfremde Aufwendungen wie z. B. Wertschriftenaufwand, periodenfremde Aufwände wie z. B. Nachholabschreibungen sowie nicht wiederkehrende Aufwände wie z. B. die Aufwände für einen einmaligen Prozess.

Unter **neutrale Erträge** fallen betriebsfremde Erträge wie z. B. Wertschriftenertrag, periodenfremde Erträge wie z. B. nachträglicher Zahlungseingang von in früheren Jahren definitiv abgeschriebenen Debitoren und nicht wiederkehrende Erträge.

Für die Erfolgsanalyse wird der Betriebsgewinn der zweiten Stufe verwendet. Die Ausnahme ist die Cashflow-Marge, wo der Unternehmensgewinn verwendet wird.

7.2 Bilanz- und Erfolgskennzahlen

Einführungsbeispiel
Der Einzelunternehmer Marc Frey betreibt eine Druckerei in Unterkulm. Da er eine neue Druckmaschine im Wert von Fr. 100 000.– anschaffen möchte, stellt er bei der Regionalbank ein Kreditgesuch. Der Kreditsachbearbeiter verlangt von Marc Frey die Bilanzen und Erfolgsrechnungen der vergangenen Geschäftsjahre, um das Kreditgesuch zu prüfen.

Für die Mitarbeiter der Bank stellt sich die Frage:
Kann die Bank aufgrund der vorgelegten Bilanzen und Erfolgsrechnungen dem Unternehmer Marc Frey den gewünschten Kredit gewähren?

Der Kreditsachbearbeiter beurteilt die finanzielle Lage der Druckerei mit Hilfe von Kennzahlen. Kennzahlen sind Prozentsätze (p). Grundsätzlich unterscheidet man zwischen **Bilanzkennzahlen** und **Erfolgskennzahlen.**

Die Bilanzkennzahlen

Die Bilanz ist eine Momentaufnahme, eine «Fotografie» der Vermögenslage zu einem bestimmten Zeitpunkt. Aus diesem Grund wird die Auswertung der Bilanz auch als statische Analyse bezeichnet.

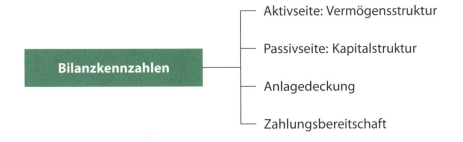

Die Erfolgskennzahlen

Die Erfolgsrechnung ist eine zeitraumbezogene Rechnung, d. h. sie zeigt die Aufwände und die Erträge einer bestimmten Periode. Aus diesem Grund wird die Auswertung der Erfolgsrechnung auch als dynamische, zeitraumbezogene Auswertung bezeichnet.

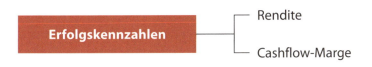

7.2.1 Die Bilanzkennzahlen

Bilanzkennzahlen sind Prozentsätze (p), die aus der Bilanz berechnet werden. Die vier Bilanzkennzahlen-Gruppen können grafisch wie folgt dargestellt werden.

A. 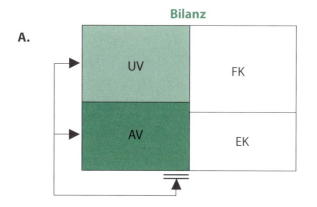 **Kennzahlen der Vermögensstruktur**

Intensität des Umlaufvermögens
Intensität des Anlagevermögens

B. 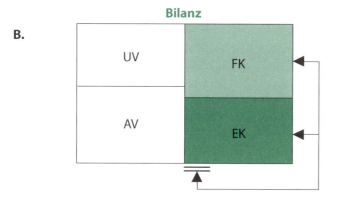 **Kennzahlen der Kapitalstruktur**

Fremdfinanzierungsgrad
Eigenfinanzierungsgrad

C. 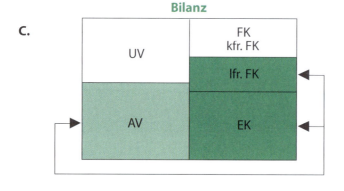 **Kennzahlen zur Anlagedeckung**

Anlagedeckungsgrad 1
Anlagedeckungsgrad 2

D. 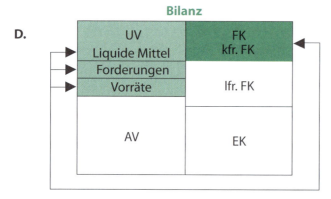 **Kennzahlen der Zahlungsbereitschaft**

Liquiditätsgrad 1
Liquiditätsgrad 2
Liquiditätsgrad 3

Auf den folgenden Seiten werden die einzelnen Bilanzkennzahlen anhand des Einführungsbeispieles erklärt.

Die bereinigte Bilanz der Druckerei Marc Frey zeigt folgende Werte (in Tausend Franken):

Aktiven			Schlussbilanz II			Passiven
Umlaufvermögen			**Fremdkapital**			
flüssige Mittel			*kurzfristiges Fremdkapital*			
Kasse	60		Kreditoren	160		
Post	20	80	Bankschuld	120	280	
Forderungen			*langfristiges Fremdkapital*			
Debitoren		180	Darlehen	80		
			Hypothek	270	350	630
Vorräte						
Warenbestand		280	540			
Anlagevermögen			**Eigenkapital**			
mobile Sachanlagen			Eigenkapital			370
Maschinen	100					
Mobilien	60	160				
immobile Sachanlagen						
Immobilien		300	460			
			1 000			1 000

Vermögensstruktur (Grundwert 100 % = Gesamtvermögen)

Intensität des Umlaufvermögens: $\dfrac{100 \times \text{Umlaufvermögen}}{\text{Gesamtvermögen}}$

$$\dfrac{100 \times 540}{1\,000} = \underline{54\,\%}$$

Die **Intensität des Umlaufvermögens** ist ein Prozentsatz (p). Er zeigt das Umlaufvermögen in Prozenten des gesamten Vermögens.

Intensität des Anlagevermögens: $\dfrac{100 \times \text{Anlagevermögen}}{\text{Gesamtvermögen}}$

$$\dfrac{100 \times 460}{1\,000} = \underline{46\,\%}$$

Die **Intensität des Anlagevermögens** ist ein Prozentsatz (p). Er zeigt das Anlagevermögen in Prozenten des gesamten Vermögens.

Umlaufvermögen	540	54 %
Anlagevermögen	460	46 %
Gesamtvermögen (= Bilanzsumme)	1 000	100 %

Die Vermögensstruktur ist je nach Branche verschieden. Darum sind zur Beurteilung Durchschnittswerte der Branche beizuziehen. Anlageintensive Unternehmungen wie zum Beispiel Kraftwerke, Elektrizitätswerke, Fluggesellschaften, Hotels usw. sind weniger anpassungsfähig an die jeweiligen Wirtschaftsverhältnisse als Unternehmungen mit relativ grossem Umlaufvermögen. Anlagen verursachen grosse Kosten (Zinskosten auf dem investierten Kapital, Abschreibungen, Unterhalt usw.). Diese Kosten fallen unabhängig vom Auslastungsgrad und vom Verkaufsumsatz an. Sie werden als Fixkosten bezeichnet. Unternehmungen mit einer hohen Intensität des Umlaufvermögens sind meistens Dienstleistungsunternehmen (z. B. Anwaltskanzlei, Marketing-Beratung usw.).

Kapitalstruktur (Grundwert (100 %) = Gesamtkapital)

Fremdfinanzierungsgrad:
$$\frac{100 \times \text{Fremdkapital}}{\text{Gesamtkapital}}$$

$$\frac{100 \times 630}{1\,000} = \underline{63\,\%}$$

Der **Fremdfinanzierungsgrad** oder Verschuldungsgrad ist ebenfalls ein Prozentsatz (p). Er zeigt das Fremdkapital in Prozenten des Gesamtkapitals.

Eigenfinanzierungsgrad:
$$\frac{100 \times \text{Eigenkapital}}{\text{Gesamtkapital}}$$

$$\frac{100 \times 370}{1\,000} = \underline{37\,\%}$$

Der **Eigenfinanzierungsgrad** zeigt das Eigenkapital in Prozenten des Gesamtkapitals.

Fremdkapital	630	63 %
Eigenkapital	370	37 %
Gesamtkapital (= Bilanzsumme)	1 000	100 %

Bei der Finanzierung bestehen keine festen Richtwerte, doch ist es in der Praxis so, dass sich grössere Unternehmungen oft stärker verschulden. Ganz allgemein gilt, dass eine hohe Fremdfinanzierung hohe Zinskosten und grosse Rückzahlungsverpflichtungen bringt. Zudem verliert die Geschäftsleitung ihre Unabhängigkeit.

Anlagedeckung (Grundwert 100 % = Anlagevermögen)

Die **Anlagedeckungsgrade** zeigen, wie das Anlagevermögen finanziert wird. Der Anlagedeckungsgrad 1 zeigt das Anlagevermögen in Prozenten des Eigenkapitals. Der Anlagedeckungsgrad 2 zeigt das Anlagevermögen in Prozenten des langfristigen Kapitals (Eigenkapital und langfristiges Fremdkapital).

Anlagedeckungsgrad 1:
$$\frac{100 \times \text{Eigenkapital}}{\text{Anlagevermögen}}$$

$$\frac{100 \times 370}{460} = \underline{80\,\%}$$

Anlagedeckungsgrad 2:
$$\frac{100 \times (\text{Eigenkapital} + \text{langfristiges Fremdkapital})}{\text{Anlagevermögen}}$$

$$\frac{100 \times (370 + 350)}{460} = \underline{157\,\%}$$

Die **goldene Bilanzregel** besagt, dass das langfristig gebundene Anlagevermögen mit langfristigem Kapital, also mit Eigenkapital und langfristigem Fremdkapital, zu finanzieren ist. Dies bedeutet, dass der Anlagedeckungsgrad 2 mindestens 100 % betragen muss. Es wäre eine finanzielle Katastrophe, wenn das Anlagevermögen mit einem kurzfristigen Kredit der Bank finanziert werden müsste. Der Richtwert für den Anlagedeckungsgrad 1 beträgt ca. 75–100 %.

Zahlungsbereitschaft (Grundwert 100 % = kurzfristiges Fremdkapital)

Eine Unternehmung ist dann **liquid,** wenn sie über genügend flüssige Mittel verfügt, um die fälligen Verbindlichkeiten zu bezahlen. Die Sicherstellung der Liquidität ist das wichtigste finanzielle Ziel. Eine ungenügende Liquidität führt in den meisten Fällen zur Betreibung und oft zum Konkurs des Unternehmens.

Eine zu hohe Liquidität wirkt sich negativ auf die Rendite aus. Flüssige Mittel in der Kasse werfen keinen Zins ab. Auch die Zinsen auf dem Post- und dem Bankkonto sind sehr tief. Für Debitoren und die Vorräte erhalten wir überhaupt keinen Zins.

Liquiditätsgrad 1 (Cash Ratio): $$\frac{100 \times \text{liquide Mittel}}{\text{kurzfristiges Fremdkapital}}$$

$$\frac{100 \times 80}{280} = \underline{29\%}$$

Der **Liquiditätsgrad 1** zeigt die sofort verfügbaren (flüssigen) Mittel in Prozenten der fälligen Verbindlichkeiten, wobei er ca. 15–35 % betragen sollte. Die flüssigen Mittel umfassen die Konten Kasse, Post, Bank und Wertschriften (kotiert). Das kurzfristige Fremdkapital enthält alle Verbindlichkeiten, die innerhalb kurzer Zeit fällig werden (Kreditoren, Bankschuld, Steuerschuld).

Liquiditätsgrad 2 (Quick Ratio): $$\frac{100 \times (\text{liquide Mittel} + \text{Forderungen})}{\text{kurzfristiges Fremdkapital}}$$

$$\frac{100 \times (80 + 180)}{280} = \underline{93\%}$$

Der Liquiditätsgrad 2 zeigt zusätzlich die Forderungen der Unternehmung gegenüber Dritten. **Der Liquiditätsgrad 2 ist die wichtigste Liquiditätskennzahl** und sollte mindestens 100 % betragen.

Liquiditätsgrad 3 (Current Ratio): $$\frac{100 \times \text{Umlaufvermögen}}{\text{kurzfristiges Fremdkapital}}$$

$$\frac{100 \times 540}{280} = \underline{193\%}$$

Der **Liquiditätsgrad 3** zeigt das Umlaufvermögen in Prozenten des kurzfristigen Fremdkapitals. Die Faustregel besagt, dass der Liquiditätsgrad 3 ca. 200 % betragen sollte. Bei den Unternehmungen, die das Prinzip Just in Time (Produktion oder Beschaffung erst bei der Bestellung) umsetzen, gilt die Faustregel nicht.

Die Berechnung der Liquiditätskennzahlen ist allerdings nur eine Momentaufnahme. Es ist daher unerlässlich, eine zeitraumbezogene Beurteilung, eine so genannte **Finanzplanung**, vorzunehmen.

Der Selbstfinanzierungsgrad

Das Eigenkapital der Einzelunternehmung wird unterteilt in

a) Einbezahltes Eigenkapital: langfristig vom Inhaber zur Verfügung gestellt.

b) Erarbeitetes Eigenkapital: Gewinne, die nicht ausbezahlt, sondern im Unternehmen zurückbehalten werden. Die Verbuchung des Reingewinns lautet, falls er nicht ausbezahlt wird: ER / EK. Bei der Aktiengesellschaft wird das erarbeitete Eigenkapital als Reserven bezeichnet.

Der **Selbstfinanzierungsgrad** ist ein Prozentsatz (p). Er zeigt das erarbeitete Eigenkapital in Prozenten des einbezahlten Eigenkapitals.

Selbstfinanzierungsgrad: $$\frac{100 \times \text{erarbeitetes EK}}{\text{einbezahltes EK}}$$

7.2.2 Die Erfolgskennzahlen

Die Rentabilität (oder Rendite) zeigt den Betriebsgewinn (evtl. zuzüglich Fremdkapitalzinsen) in Prozenten des eingesetzten Kapitals oder des Verkaufserlöses. Die Erzielung einer angemessenen Rendite ist ein Hauptziel des Unternehmens. Das Unternehmen muss einen Gewinn erzielen, damit es langfristig überleben kann.

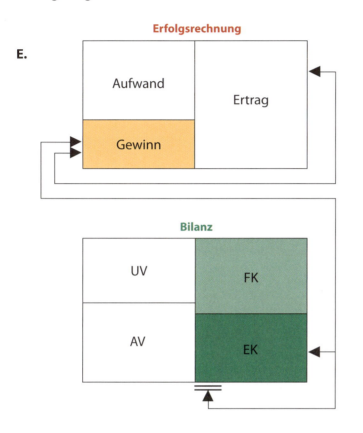

Kennzahlen der Rentabilität

Eigenkapitalrendite
Gesamtkapitalrendite
Umsatzrendite

Nachfolgend ist die Erfolgsrechnung (in Tausend Franken) der Druckerei Marc Frey aufgeführt:

Aufwand	**Erfolgsrechnung**		Ertrag
Materialaufwand	1 200	Verkaufserlös	2 000
Personalaufwand	400		
übriger Betriebsaufwand	240		
Fremdkapitalzinsen	30		
Abschreibungen	90		
Reingewinn	**40**		
	2 000		2 000

Rendite des Eigenkapitals

Die Rendite des Eigenkapitals zeigt den Reingewinn in Prozenten des eingesetzten Eigenkapitals. Aus der Sicht des Eigentümers hat die Rendite des Eigenkapitals eine grosse Bedeutung, weil er eine angemessene Verzinsung des eingesetzten Kapitals erwartet. Falls der Gewinn nicht an die Eigentümer ausgeschüttet, sondern im Unternehmen zurückbehalten wird, spricht man von Selbstfinanzierung. Je höher die Selbstfinanzierung, desto höher ist der Wert des Unternehmens.

Rendite des Eigenkapitals: $$\frac{100 \times \text{Reingewinn}}{\text{Eigenkapital}}$$

$$\frac{100 \times 40}{370} = \underline{\underline{10{,}8\,\%}}$$

Rendite des Gesamtkapitals

Die Rendite des Gesamtkapitals zeigt den Reingewinn zuzüglich Fremdkapitalzinsen in Prozenten des gesamten Kapitals. Bei erfolgreichen Unternehmungen ist die Rendite des Eigenkapitals höher als die Rendite des Gesamtkapitals.

Die Rendite einer Unternehmung wird mit der Rendite von anderen Anlagemöglichkeiten verglichen. Eine Faustregel besagt, dass die Rendite eines Unternehmens mindestens dem Zinsfuss von Bundesobligationen zuzüglich eines Risikozuschlages entsprechen soll.

Gesamtkapitalrendite: $$\frac{100 \times (\text{Reingewinn} + \text{Fremdkapitalzinsen})}{\text{Gesamtkapital}}$$

$$\frac{100 \times (40 + 30)}{1\,000} = \underline{\underline{7{,}0\,\%}}$$

Umsatzrendite

Die Umsatzrendite zeigt den Reingewinn in Prozenten des Verkaufsumsatzes. Sie entspricht der Reingewinnquote.

Umsatzrendite: $$\frac{100 \times \text{Reingewinn}}{\text{Verkaufsumsatz}}$$

$$\frac{100 \times 40}{2\,000} = \underline{\underline{2{,}0\,\%}}$$

7.2.3 Der Cashflow

Der Cashflow zeigt den aus der Geschäftstätigkeit (Leistungserstellung) erwirtschafteten Überschuss an liquiden Mitteln einer Rechnungsperiode. Der Cashflow wird aus der Erfolgsrechnung ermittelt und kann auf zwei Arten berechnet werden:

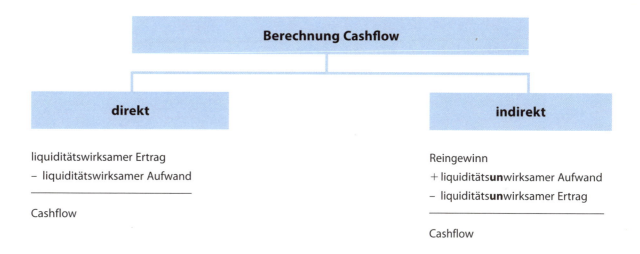

Geldzuflüsse und Geldabflüsse aus der Geschäftstätigkeit beeinflussen die Liquidität der Unternehmung (= liquiditätswirksam). Liquiditätsunwirksame Erfolgspositionen wie z.B. die Abschreibungen oder der Rückstellungsaufwand haben keinen Einfluss auf die Liquidität. Dies wird anhand von zwei Buchungssätzen verdeutlicht.

liquiditätswirksamer Aufwand
Barverkauf von Druckerzeugnissen: Kasse   /   Verkaufserlös   2 000

liquiditätsunwirksamer Aufwand
Abschreibungen auf Mobilien: Abschreibungen   /   Mobilien   90

Der Cashflow der Druckerei Marc Frey lässt sich wie folgt ermitteln:

liquiditätswirksamer Ertrag

Verkaufserlös		2 000

− liquiditätswirksamer Aufwand

Materialaufwand	1 200	
Personalaufwand	400	
übriger Betriebsaufwand	240	
Fremdkapitalzinsen	30	− 1 870

Cashflow 130

oder

Reingewinn 40

+ liquiditätsunwirksamer Aufwand

Abschreibungen 90

− liquiditätsunwirksamer Ertrag

- - - 0

Cashflow 130

Der Praktiker berechnet den Cashflow mehrheitlich nach **vereinfachter Methode**:

> **Cashflow = Reingewinnn + Abschreibungen**

Der Cashflow ist eine bedeutende finanzwirtschaftliche Grösse und liefert Informationen betreffend

- der Fähigkeit der Unternehmung, ihr Anlagevermögen ohne die Aufnahme von teurem Fremdkapital (→ Zinszahlung) oder durch die Erhöhung des Eigenkapital zu finanzieren,
- der Fähigkeit der Unternehmung, Schulden (Fremdkapital) zurückzuzahlen,
- der Fähigkeit der Unternehmung, Gewinne an die Eigentümer auszuschütten.

Geldflüsse aus Investitionstätigkeiten, wie z. B. Barkauf oder Barverkauf von Mobilien, beeinflussen den Cashflow nicht.

7.3 Übersicht über die wichtigen Bilanz- und Erfolgskennzahlen

Kennzahl	Formel	Richtgrösse
A. Vermögensstruktur		
1. Intensität des Umlaufvermögens	$\dfrac{100 \times \text{Umlaufvermögen}}{\text{Gesamtvermögen (= Bilanzsumme)}}$	branchenabhängig
2. Intensität des Anlagevermögens	$\dfrac{100 \times \text{Anlagevermögen}}{\text{Gesamtvermögen (= Bilanzsumme)}}$	branchenabhängig
B. Kapitalstruktur		
3. Fremdfinanzierungsgrad	$\dfrac{100 \times \text{Fremdkapital}}{\text{Gesamtkapital (= Bilanzsumme)}}$	ca. 40 bis 70 %
4. Eigenfinanzierungsgrad	$\dfrac{100 \times \text{Eigenkapital}}{\text{Gesamtkapital (= Bilanzsumme)}}$	ca. 30 bis 60 % je nach Branche
5. Selbstfinanzierungsgrad	$\dfrac{100 \times \text{erarbeitetes Eigenkapital}}{\text{einbezahltes Eigenkapital}}$	vom Alter der Unternehmung abhängig
C. Anlagedeckung		
6. Anlagedeckungsgrad 1	$\dfrac{100 \times \text{Eigenkapital}}{\text{Anlagevermögen}}$	ca. 75 bis 100 %
7. Anlagedeckungsgrad 2	$\dfrac{100 \times (\text{Eigenkapital} + \text{langfr. Fremdkapital})}{\text{Anlagevermögen}}$	mind. 100 %
D. Liquidität (= Zahlungsbereitschaft)		
8. Liquiditätsgrad 1 (Cash Ratio)	$\dfrac{100 \times \text{liquide Mittel}}{\text{kurzfristiges Fremdkapital}}$	ca. 20 bis 35 %
9. Liquiditätsgrad 2 (Quick Ratio)	$\dfrac{100 \times (\text{liquide Mittel} + \text{Forderungen})}{\text{kurzfristiges Fremdkapital}}$	ca. 100 %
10. Liquiditätsgrad 3 (Current Ratio)	$\dfrac{100 \times \text{Umlaufvermögen}}{\text{kurzfristiges Fremdkapital}}$	ca. 200 %

Wichtige Kennzahlen für die Bilanz- und Erfolgsanalyse (Fortsetzung)

Kennzahl	Formel	Richtgrösse
E. Rentabilität		
11. Eigenkapitalrendite	$\dfrac{100 \times \text{Reingewinn}}{\text{durchschnittliches Eigenkapital*}}$	8% und mehr
12. Gesamtkapitalrendite	$\dfrac{100 \times (\text{Reingewinn} + \text{Fremdkapitalzinsen})}{\text{durchschnittliches Gesamtkapital*}}$	tiefer als Eigenkapitalrendite
13. Umsatzrendite	$\dfrac{100 \times \text{Betriebsgewinn}}{\text{Nettoerlös (= Verkaufsumsatz)}}$	Handelsbetrieb: 1% und mehr Industriebetrieb: 5% und mehr
14. Cashflowmarge	$\dfrac{100 \times \text{Cashflow}}{\text{Nettoerlös (= Verkaufsumsatz)}}$	ca. 4 bis 20% je nach Branche

*Zur Vereinfachung wird in den Aufgaben der Endbestand verwendet.

**Aufgaben
Kapitel 7**

Aufgaben zu Kapitel 7

A 116 Ordnen Sie die unten stehenden Konten den entsprechenden Bilanz-Gruppen zu.

Aktiven: UV liquide Mittel
Forderungen
Vorräte

AV finanzielles Anlagevermögen
materielles Anlagevermögen
immaterielles Anlagevermögen

Passiven: FK kurzfristiges Fremdkapital
langfristiges Fremdkapital

EK einbezahltes Eigenkapital
erarbeitetes Eigenkapital

Konto | Bilanzgruppe

1. Bankschuld
2. Debitoren
3. Warenbestand
4. Kreditor Sozialversicherungen
5. Maschinen
6. Hypothekarschuld
7. Kundenguthaben
8. Kasse
9. Kreditoren
10. Immobilien
11. Rechte, Patente, Lizenzen
12. Guthaben Verrechnungssteuer
13. kurzfristiges Darlehensguthaben
14. Steuerschuld
15. zurückbehaltener Reingewinn
16. Post
17. Mobilien
18. Darlehensschuld

A 117 Erstellen Sie eine gut gegliederte Schlussbilanz I und bestimmen Sie, ob ein Bankguthaben oder eine Bankschuld vorhanden ist. – Arbeiten Sie mit Vorkolonnen.

Konten in alphabetischer Reihenfolge:
Aktivdarlehen (langfristig) 25, Bankguthaben oder Bankschuld ?, Darlehensschuld 48, Debitoren 65, Debitor Verrechnungssteuer 5, einbezahltes Eigenkapital 300, erarbeitetes Eigenkapital 35, Hypothekarschuld 250, Immobilien 450, Kasse 8, Kreditor Mehrwertsteuer 34, Kreditoren 80, Mobilien 60, Patente und Lizenzen 5, Post 20, Reingewinn 15, Vorsteuerguthaben MWST 10, Warenbestand 140.

Ergebnis: Es liegt eine Bankschuld von 26 vor.

Aktiven				Bilanz (in Tausend Franken)				Passiven
Umlaufvermögen				**Fremdkapital**				
liquide Mittel				kurzfristiges FK				
Kasse	8			Kreditoren	80			
Post	20	28		Kreditor MWST	34			
Forderungen				Bankschuld	26	140		
Debitoren	65			langfristiges FK				
Debitor Verrechnungssteuer	5			Darlehensschuld	48			
Vorsteuerguthaben MWST	10	80		Hypothekarschuld	250	298	438	
Vorräte				**Eigenkapital**				
Warenbestand		140	248	einbezahltes Eigenkapital		300		
Anlagevermögen				erarbeitetes Eigenkapital		35		
finanzielles AV				Reingewinn		15	350	
Aktivdarlehen		25						
materielles AV								
Mobilien	60							
Immobilien	450	510						
immaterielles AV								
Patente und Lizenzen		5	540					
			788				**788**	

A 118 Berechnen Sie Aufgrund unten stehender Bilanz und Erfolgsrechnung (Zahlen in Tausend Franken) eines Handelsbetriebes die verlangten Kennzahlen. Die Resultate sind auf eine Dezimale zu runden.

Aktiven			Bilanz (in Tausend Franken)			Passiven
UV:	*liquide Mittel*		**FK:**	*kurzfristiges Fremdkapital*		
	Kasse	120		Kreditoren	900	
	Post	300 420		Bankschuld	500	1 400
	Forderungen			*langfristiges Fremdkapital*		
	Debitoren	1 050		langfristiges Darlehen	200	
				Hypothek	900	1 100 2 500
	Vorräte					
	Vorräte	1 130 2 600				
AV:	*materielles AV*		**EK:**	Eigenkapital		2 500
	Mobilien	600				
	Fahrzeuge	300				
	Immobilien	1 500 2 400				
		5 000				5 000

Aufwand		Erfolgsrechnung	Ertrag
Warenaufwand	6 000	Warenertrag	10 000
Personalaufwand	3 000		
übriger Betriebsaufwand	450		
Fremdkapitalzinsen	100		
Abschreibungen	250		
Reingewinn	**200**		
	10 000		10 000

Kennzahlen der Vermögensstruktur

Intensität des Umlaufvermögens: $\dfrac{100 \times \text{Umlaufvermögen}}{\text{Gesamtvermögen}}$ = _____ = _____ %

Beurteilung: _____

Intensität des Anlagevermögens: $\dfrac{100 \times \text{Anlagevermögen}}{\text{Gesamtvermögen}}$ = _____ = _____ %

Beurteilung: _____

Kennzahlen der Kapitalstruktur

Fremdfinanzierungsgrad: $\dfrac{100 \times \text{Fremdkapital}}{\text{Gesamtkapital}}$ = _____ = _____ %

Beurteilung: _____

Eigenfinanzierungsgrad: $\dfrac{100 \times \text{Eigenkapital}}{\text{Gesamtkapital}}$ = _____ = _____ %

Beurteilung: _____

Kennzahlen der Anlagedeckung

Anlagedeckungsgrad 1: $\dfrac{100 \times \text{Eigenkapital}}{\text{Anlagevermögen}}$ = _____ = _____ %

Beurteilung: _____

Anlagedeckungsgrad 2: $\dfrac{100 \times (\text{Eigenkapital} + \text{langfristiges Fremdkapital})}{\text{Anlagevermögen}}$

= _____ = _____ %

Beurteilung: _____

Bilanz- und Erfolgsanalyse

Kennzahlen der Zahlungsbereitschaft

Liquiditätsgrad 1 (Cash Ratio): $\dfrac{100 \times \text{liquide Mittel}}{\text{kurzfristiges Fremdkapital}}$ = _____ = _____ %

Beurteilung: _____

Liquiditätsgrad 2 (Quick Ratio): $\dfrac{100 \times (\text{liquide Mittel} + \text{Forderungen})}{\text{kurzfristiges Fremdkapital}}$

= _____ = _____ %

Beurteilung: _____

Liquiditätsgrad 3 (Current Ratio): $\dfrac{100 \times \text{Umlaufvermögen}}{\text{kurzfristiges Fremdkapital}}$ = _____ = _____ %

Beurteilung: _____

Kennzahlen der Rentabilität

Eigenkapitalrendite: $\dfrac{100 \times \text{Reingewinn}}{\text{Eigenkapital}}$ = _____ = _____ %

Beurteilung: _____

Gesamtkapitalrendite: $\dfrac{100 \times (\text{Reingewinn} + \text{Fremdkapitalzinsen})}{\text{Gesamtkapital}}$

= _____ = _____ %

Beurteilung: _____

Umsatzrendite: $\dfrac{100 \times \text{Reingewinn}}{\text{Verkaufsumsatz}}$ = _____ = _____ %

Beurteilung: _____

A 119 Von einer Unternehmung ist folgende Bilanz gegeben:

Aktiven			Schlussbilanz II		Passiven
Umlaufvermögen			**Fremdkapital**		
Kasse	2		Kreditoren	40	
Post	3		Darlehen langfristig	30	70
Bank	5				
Debitoren	30				
Warenvorrat	36	76			
Anlagevermögen			**Eigenkapital**		
Mobilien	20		Eigenkapital		50
Fahrzeuge	24	44			
		120			120

a) Welche Rechtsform hat die Unternehmung?

b) Berechnen Sie folgende Kennzahlen (auf eine Dezimale genau):
   1. Liquiditätsgrad 1
   2. Liquiditätsgrad 2
   3. Eigenfinanzierungsgrad
   4. Anlagedeckungsgrad 1
   5. Anlagedeckungsgrad 2
   6. Intensität des Anlagevermögens
   7. Rendite des Eigenkapitals, falls der Jahresgewinn 5 beträgt.

c) Interpretieren Sie die Ergebnisse von b).

A 120 Von einer Unternehmung ist folgende Bilanz gegeben:

Aktiven			Schlussbilanz II			Passiven
Umlaufvermögen			**Fremdkapital**			
Kasse	12		Kreditoren	26		
Post	18		Bankschuld	44		
Debitoren	32		langfristiges Darlehen	150	220	
Warenbestand	28	90				
Anlagevermögen			**Eigenkapital**			
Mobilien	30		einbezahltes Eigenkapital	80		
Maschinen	200	230	erarbeitetes Eigenkapital	20	100	
		320			320	

a) Berechnen Sie folgende Kennzahlen (auf eine Dezimale genau):
  1. Liquiditätsgrad 2
  2. Fremdfinanzierungsgrad
  3. Anlagedeckungsgrad 2
  4. Intensität des Umlaufvermögens
  5. Rendite des Eigenkapitals, falls der Jahresgewinn 9 beträgt.
  6. Selbstfinanzierungsgrad (Anteil des erarbeiteten Eigenkapitals in % des einbezahlten Eigenkapitals)

b) Interpretieren Sie die Ergebnisse von b).

A 121 Kreuzen Sie an, ob die Aussagen richtig oder falsch sind.

    richtig falsch

a) ☐ ☐ Die Lohnauszahlung durch Banküberweisung verkleinert den Liquiditätsgrad 2.

b) ☐ ☐ Der Verkauf von Waren auf Kredit vergrössert den Ertrag in der Erfolgsrechnung.

c) ☐ ☐ Die Verbuchung der Abschreibungen führt zur Vergrösserung des Anlagedeckungsgrades 2, da der Wert der Anlagen verkleinert wird.

d) ☐ ☐ Wenn der Geschäftsinhaber eine Überweisung von seinem privaten Bankkonto auf das Postkonto des Geschäftes tätigt, so steigt der Liquiditätsgrad 2.

e) ☐ ☐ Der Barkauf von Waren verkleinert sowohl den Reingewinn in der Erfolgsrechnung als auch die Liquiditätsgrade.

f) ☐ ☐ Der Kauf einer Geschäftsliegenschaft, die durch die Aufnahme eines Hypothekarkredites finanziert wird, führt zu einer Veränderung der Liquiditätsgrade.

A 122 Nachfolgend finden Sie die Erfolgsrechnung einer Warenhandelsunternehmung:

	Aufwand	Ertrag
Warenertrag		1 000
Warenaufwand	700	
Personalaufwand	170	
Rückstellungsaufwand	8	
Verschiedene Betriebsaufwendungen	67	
Abschreibungsaufwand	30	
Reingewinn	25	
	1 000	1 000

a) Berechnen Sie den Cashflow nach indirekter Methode.

b) Berechnen Sie die Umsatzrendite.

c) Berechen Sie die Cashflow-Marge mittels der unten stehenden Formel.
Bei der Cashflow-Marge handelt es sich um eine Rentabilitätskennzahl. Sie sollte um 3 – 5 % höher sein als die Umsatzrendite.

$$\text{Cashflow-Marge:} = \frac{\text{Cashflow} \times 100}{\text{Verkaufsumsatz}}$$

A 123 a) Erstellen Sie aus den folgenden ungeordneten Angaben die Erfolgsrechnung der Bospas AG (Hinweise: zur Lösung sind nicht alle Angaben nötig; der Lösungsweg muss klar ersichtlich sein!):
Verkaufserlöse 12 944, Personalaufwand 4 750, Rohmaterialaufwand 5 404, Anlagevermögen 6 230, Zinsaufwand 500, sonstiger Betriebsaufwand 1 250, ausserordentlicher Aufwand 900, sonstiger betrieblicher Ertrag 190, kurzfristiges Fremdkapital 2 850, Rückstellungsaufwand für Garantiearbeiten 20, Abschreibungen 380.

b) Berechnen Sie die Cashflow-Marge auf eine Dezimale nach dem Komma.

c) Im letzten Jahr wurde ein etwa gleich grosser Cashflow in Franken wie in diesem Jahr erzielt, aber ein Jahresgewinn von 20. Wie erklären Sie das?

A 124 Der unvollständigen Bilanz einer Unternehmung vom 31.12. entnehmen Sie die folgenden Angaben:

Aktiven		Schlussbilanz II		Passiven
flüssige Mittel		kurzfristiges Fremdkapital		140
Forderungen		langfristiges Fremdkapital		
Warenbestand	60			
Anlagevermögen	550	Eigenkapital		

Weitere Angaben:

- Der Anlagedeckungsgrad 2 ist 120 %.
- Der Eigenfinanzierungsgrad beträgt 60 %.
- Der Liquiditätsgrad 1 beträgt 30 %.

Vervollständigen Sie die Schlussbilanz.

A 125 Interpretieren Sie folgende Aussage: «Die Liquidität ist die Atmung, der Gewinn ist die Nahrung der Unternehmung.»

A 126 Dominic Lanz und seine Frau haben die Möglichkeit, ein Restaurant zu pachten. Ihre Hausbank arbeitet mit ihnen einen Businessplan aus, in dem die Geschäftsidee, die Marktleistungen und der Finanzbedarf festgehalten werden.

Damit Aussagen über die künftige Zahlungsbereitschaft möglich sind, erstellt Dominic Lanz einen Finanzplan. Die Finanzplanung (→ Liquiditätsplanung) wird mit Hilfe eines Umsatzplanes (Einnahmen aus dem Restaurant) und der Planung der Ausgaben festgestellt. Mit der Bank wird eine Kontokorrentlimite von Fr. 50 000.– vereinbart.

Erstellen Sie aufgrund nachfolgender Angaben den Liquiditätsplan (Finanzplan) für das Restaurant für das erste Quartal.

Flüssige Mittel am Anfang (Kapitaleinlage des Geschäftsinhabers)	Fr. 80 000.–
Zahlung im ersten Monat für Investitionen	Fr. 40 000.–
Zahlung im dritten Monat für eine weitere Investition	Fr. 7 000.–
Zahlung für übernommene Esswaren und Getränke (die Zahlung erfolgt im ersten Monat)	Fr. 20 000.–
Einnahmen aus dem Restaurantbetrieb: 1. Monat	Fr. 60 000.–
2. Monat	Fr. 75 000.–
3. Monat	Fr. 100 000.–
Zahlungen für Esswaren und Getränke in % der budgetierten Einnahmen	35 %
Monatlicher Personalaufwand (Auszahlung)	Fr. 30 000.–
Vorauszahlung Pachtzins für drei Monate (Fälligkeit im ersten Monat)	Fr. 21 000.–
Monatliche Zahlungen für Unterhalt, Reinigung und Energie	Fr. 5 000.–
Übriger Betriebsaufwand im ersten Monat (Auszahlungen)	Fr. 12 000.–
Übriger Betriebsaufwand im zweiten und im dritten Monat (Auszahlungen)	Fr. 8 000.–
Unvorhergesehene Ausgaben (Schätzung pro Monat)	Fr. 6 000.–

Bilanz- und Erfolgsanalyse

	1. Monat	2. Monat	3. Monat
Anfangsbestand			
Einnahmen (aus Restaurantbetrieb)			
Ausgaben			
Addition Ausgaben			
Einnahmenüberschuss (+) Ausgabenüberschuss (−)			
Bestand flüssige Mittel*			

* + Überschuss an flüssigen Mitteln
  − Bedarf Kontokorrentkredit

A 127 Der selbständige Servicemonteur Martin Halder muss kurzfristig seinen Montagewagen ersetzen. Er weiss nicht, ob er diese Investition ohne Aufnahme von fremden Mitteln vornehmen kann. Darum erstellt er eine Liquiditätsplanung (Zahlungsbereitschaftsbudget) für das kommende halbe Jahr.
Als Ausgangslage dient die Schlussbilanz I vom 31.12. 2006 (in Tausend Franken):

Aktiven		Schlussbilanz I	Passiven
Kasse und Post	50	Kreditoren	4
Debitoren	30	Bank	56
Montagefahrzeug	12	Hypothek	80
Werkstatt	188	Eigenkapital	90
		Reingewinn	50
	280		280

a) Verbuchen Sie die Gewinnverteilung, falls Halder 20 bar auszahlt und den Rest des Gewinns im Geschäft belässt (= Selbstfinanzierung).

b) Erstellen Sie die Schlussbilanz II (nach Gewinnverbuchung) und berechnen Sie anschliessend folgende Prozentsätze auf eine Dezimale genau.
- Liquiditätsgrad 2
- Anlageintensität
- Eigenfinanzierungsgrad
- Anlagedeckungsgrad 2

c) Erstellen Sie aufgrund der folgenden Angaben eine Liquiditätsplanung für das kommende halbe Jahr:

Einnahmen aus Montagetätigkeit

Januar – März	30 monatlich, davon 10 bar, Rest mit 30 Tagen Kreditfrist
April – Mai	35 monatlich, davon 12 bar, Rest mit 30 Tagen Kreditfrist
Juni	36 monatlich, davon 14 bar, Rest mit 30 Tagen Kreditfrist

Beschaffungsplan Servicematerial

Januar – Februar	2 monatlich, davon 1 bar, Rest mit 30 Tagen Zahlungsfrist
März – Juni	3 monatlich, davon 1 bar, Rest mit 30 Tagen Zahlungsfrist

Übrige Auszahlungen und Aufwände

Lohnzahlung	12 monatlich
Globalbudget	Die Ausgaben Benzin, Verwaltung und Vertrieb sind liquiditätswirksam und betragen monatlich 3.
Abschreibungen	10 (Montagefahrzeug und Werkstatt je 5)

Kauf neuer Montagewagen für 100 anfangs März mit 10 Tagen Zahlungsfrist.

Verkauf des alten Montagefahrzeuges 12 im März mit 30 Tagen Zahlungsfrist.

Die Steuern von 15 für das erste Halbjahr müssen auf Ende April bezahlt werden.

c) Liquiditätsplanung:

	Januar	Februar	März	April	Mai	Juni	Summe

Sachregister

A
abbauende Kalkulation	70
Anlagedeckungsgrade	157
Anschaffungswert	95
aufbauende Kalkulation	70

B
Betreibungsbegehren	113
Bezugskosten	58
Bilanzkennzahlen	153
Bonitätsprüfung	113
Bruttogewich	57
Bruttogewinn	62
Bruttogewinnquote	64
Bruttogewinnzuschlag	63
Bruttokreditankaufspreis	56
Bruttokreditverkaufspreis	67
Buchwert siehe Restwert	

C
Cashflow	161

D
Debitorenverluste	114
direkte Proportionalität	9

E
Eigenfinanzierungsgrad	156
Eigenkapital	131
Einkaufskalkulation	56
Einstandspreis siehe Einstandswert	
Einstandswert	59
Erfolgskennzahlen	153

F
Fälligkeitsprinzip	151
Finanzplanung	158
Fortsetzungsbegehren	113
Fremdfinanzierungsgrad	156

G
gegressive Abschreibung	98
Gemeinkosten	61
Gemeinkostenzuschlag	64
Gesamtnachkalkulation	63
goldene Bilanzregel	157
Grundwert	15

H
Handelsmarge siehe Bruttogewinnquote	

I
Indirekte Proportionalität	11
Insolvenz	115

K
Kettensatz	12
Konkursbegehren	113

L
lineare Abschreibung	96
Liquiditätsgrad 1–3	158
Liquiditätsprinzip	151

N
Nachlassvertrag	115
Nettobarankaufspreis	57
Nettobarverkaufspreis	66
Nettoerlös	61
Nettogewicht	57
Nettokreditankaufspreis	56
neutraler Aufwand	152
neutraler Ertrag	152
Nutzungsdauer	94

P
Privatkonto	131
Proportionen	9
Prozent	14
Prozentsatz	15
Prozentwert	15

R
Reingewinnmarge siehe Reingewinnquote	
Reingewinnquote	65
Reingewinnzuschlag	65
Rendite Eigenkapital	160
Rendite Gesamtkapital	160
Rentabilität	159
Restwert	94

S
Selbstfinanzierungsgrad	158
Selbstkosten	61

T
Tara	57

U
Umsatzrendite	160

V
Verkaufskalkulation	68
Verkaufssonderkosten	66
Verlustausweis	113
Verrechnungssteuer	39

Z
Zinsformel	37
Zinssatz	38

Kontenplan KMU*

1 Aktiven

10 Umlaufvermögen

100 Flüssige Mittel
- 1000 Kasse
- 1010 Post
- 1020 Bank
- 1060 Wertschriften kurzfristig realisierbar

110 Forderungen
- 1100 Kunden-Debitoren
- 1110 übrige Debitoren
- 1070 Vorsteuer auf Materialaufwand und Dienstleistungen
- 1071 Vorsteuer auf Investitionen und übriger Betriebsaufwand
- 1176 Guthaben Verrechnungssteuer

120 Vorräte
- 1200 Warenbestand

14 Anlagevermögen

140 Finanzanlagen
- 1440 Aktivdarlehen

150 Mobile Sachanlagen
- 1500 Maschinen und Apparate
- 1510 Mobilien und Einrichtungen
- 1530 Fahrzeuge
- 1540 Werkzeuge und Geräte

160 Immobilien
- 1600 Immobilien

2 Passiven

20 Fremdkapital

200 Fremdkapital kurzfristig
- 2000 Lieferanten-Kreditoren
- 2001 übrige Kreditoren
- 2003 Kreditor Sozialversicherung
- 2100 Bankschuld
- 2200 Kreditor MWST
- 2300 Steuerschuld

240 Fremdkapital langfristig
- 2400 Bankdarlehen
- 2440 Hypothek
- 2500 Passivdarlehen von Dritten

28 Eigenkapital

280 Eigenkapital - Einzelfirmen
- 2800 Eigenkapital
- 2850 Privat

3 Betriebsertrag aus Lieferung und Leistung
- 3000 Warenertrag
- 3095 Verluste bei Debitoren
- 3400 Dienstleistungsertrag
- 3600 übriger Betriebsertrag

4 Aufwand für Waren und Dienstleistungen
- 4000 Materialeinkauf
- 4200 Warenaufwand
- 4600 übriger Materialaufwand

5 Personalaufwand
- 5200 Löhne Handel
- 5270 Sozialversicherungsaufwand Handel
- 5700 übriger Personalaufwand

6 Sonstiger Betriebsaufwand
- 6000 Raumaufwand
- 6100 Unterhalt und Reparaturen
- 6200 Fahrzeugaufwand
- 6300 Versicherungsaufwand
- 6400 Energieaufwand
- 6500 Verwaltungsaufwand
- 6600 Werbeaufwand
- 6700 übriger Betriebsaufwand
- 6800 Zinsaufwand
- 6810 Finanzaufwand
- 6850 Zinsertrag
- 6900 Abschreibungen

7 Betriebliche Nebenerfolge
- 7000 Betriebliche Nebenerträge

8 Ausserordentlicher und betriebsfremder Erfolg
- 8000 ausserordentlicher Ertrag
- 8010 ausserordentlicher Aufwand
- 8900 Steueraufwand

*Das Grundschema für die Kontengliederung bildet der Kontenrahmen KMU. Er dient den Klein- und Mittelunternehmungen als Vorlage für die Ausarbeitung eines eigenen, dem Geschäft angepassten Kontenplans. Die Nummern werden folgendermassen gegliedert:
1-stellige Nummern = Kontenklassen
2-stellige Nummern = Kontenhauptgruppen
3-stellige Nummern = Kontengruppen
4-stellige Nummern = Einzelkonten

Dreibändige Reihe «Finanz- und Rechnungswesen» im h.e.p. Verlag mit dem Ergänzungsband für das B-Profil

Daniel Brodmann, Marcel Bühler

Grundlagen des Rechnungswesens
Finanz- und Rechnungswesen Band 1
224 Seiten, A4, vierfarbig

Handbuch für Lehrpersonen
310 Seiten, A4, einfarbig

Inhalt: Aktivkonto, Passivkonto, Erfolgsrechnung, Erfolgsverbuchung, Bilanz, Rabatt und Skonto, Warenkonten, Löhne und Gehälter, Beleg und Kontierung, Fremde Währungen, Kontokorrent-Konto, Offenpostenbuchhaltung

Samuel Spirgi, Ernst Keller, Boris Rohr

Finanzbuchhaltung
Finanz- und Rechnungswesen Band 2
240 Seiten, A4, vierfarbig

Handbuch für Lehrpersonen
359 Seiten, A4, einfarbig

Inhalt: Die Finanzbuchhaltung und der Kontenrahmen KMU, Mehrstufige Erfolgsrechnungen, Immobilien, Wertschriften, Zeitliche Abgrenzungen, Abschreibungen, Debitorenverluste und Delkredere, Einzelunternehmung, Kollektivgesellschaft, Aktiengesellschaft, Gesellschaft mit beschränkter Haftung, Bewertungsvorschriften, Stille Reserven, Industrieunternehmung

Samuel Spirgi, Boris Rohr

Kaufmännisches Rechnen und Buchhaltung
184 Seiten, A4, vierfarbig

Handbuch für Lehrpersonen
A4, einfarbig

Inhalt: Proportionen, Kettensatz und Prozentrechnung, Zinsrechnung, Kalkulation im Warenhandelsbetrieb, Abschreibungen, Debitorenverluste, Die Einzelunternehmung, Bilanz- und Erfolgsanalyse

Daniel Brodmann, Samuel Spirgi, Marcel Bühler

Betriebliches Rechnungswesen und Controlling
Finanz- und Rechnungswesen Band 3
226 Seiten, A4, vierfarbig

Handbuch für Lehrpersonen
318 Seiten, A4, einfarbig

Inhalt: Kalkulation im Warenhandelsbetrieb (Einstandswert, Mehrwertsteuer etc.), Kalkulation im Industriebetrieb und Betriebsabrechnung (Kostenarten-, Kostenstellen- und Kostenträgerrechnung), fixe und variable Kosten, Deckungsbeitrag, Bilanz- und Erfolgsanalyse, Geldflussrechnung

Hansulrich Birchmeier

FiBubu (PC-Buchhaltungsprogramm)
mit Aufgaben aus dem Buch «Finanzbuchhaltung»

kostenloser Download unter: **www.hep-verlag.ch**